するりベント酒

久住昌之
画・和泉晴紀

KANZEN

富士山
Asahi
アサヒ生ビール
カメラ設置地域
パン工場

目刺し弁当
みやび

万葉軒
LAUREL
STAR
ANISE
WHOLE
スターアニス

するりベント酒

もくじ

二〇二一年 春（四・五月） 7

二〇二一年 夏（六・七・八月） 33

二〇二一年　秋（九・十・十一月）　57

二〇二一～二〇二二年　冬（十二・一・二月）　79

二〇二二年　春（三・四・五月）　101

二〇二三年　春（三・四月）　193

＊本書は「夕刊フジ」に二〇二一年四月より連載中の「するりベント酒」二〇二一年四月〜二〇二三年四月掲載分から厳選した四十六回に、加筆・編集をしたものです。
＊本文内の情報は基本的に連載当時のものです。本文のあとに追加情報がある場合、その内容は本書刊行時（二〇二三年六月）のものになります。
＊本文内と追加情報の価格は表記のあるものを除き、税込です。

二〇二一年

春

（四・五月）

この時期の出来事

四月　［**新型コロナ関連**］新型コロナウイルス対策の特別措置法に規定されたまん延防止等重点措置（まん防）が大阪・兵庫・宮城で初適用。続いて東京・京都・沖縄（九日）、埼玉・千葉・神奈川・愛知（十六日）、愛媛（二十五日）でも。対象地域では知事判断により店舗事業者などに営業時間変更などの要請が可能に。／東京・大阪・兵庫・京都を対象に三度目の緊急事態宣言（期間＝四月二十五日～五月十一日）。［**そのほか**］三日、ドラマ『眠狂四郎』『古畑任三郎』などに主演した俳優の田村正和さんが死去。享年七十七。／四日、ドラマ『おしん』『渡る世間は鬼ばかり』などを手がけた脚本家の橋田寿賀子さんが死去。享年九十五。／白血病闘病から前年夏にレース復帰した水泳の池江璃花子選手が日本選手権で四冠達成。／ゴルフの松山英樹選手が米マスターズ・トーナメントで初優勝。日本男子のメジャー大会制覇は史上初。／「紀州のドン・ファン」と呼ばれた資産家殺人容疑で元妻が逮捕。

五月　［**新型コロナ関連**］緊急事態宣言が十都道府県に拡大、六月二十日まで延長。高齢者を対象にワクチン接種が全国で始まる。［**そのほか**］デジタル庁新設を柱とするデジタル改革関連六法が参議院本会議で可決、成立。デジタル庁発足は九月一日。

午前中から、オレは、自由だ

春の公園で、ほか弁ビール

弁当で酒を飲む、というと、駅弁だ。

東京駅で新幹線に乗る時、駅で弁当と缶ビールを買う。新横浜駅を過ぎたあたりで、弁当を開いて、缶をプシュッとやる。その時の、旅に出てきた開放感は、こたえられない。

もう東京のことなんて知らない！　全ッ部、忘れた！

仕事？　とりあえず中断。着いた先のことは、着いた先だ。今は頭ん中まっさらにして、快適な新幹線の旅時間を思うさま楽しもうじゃないかキミ！　わっはっは（誰だよキミって）。

駅弁で、缶ビール。別に酔っ払いたいわけではない。でもこの一缶で、弁当ひとつ食べるだけの時間が、ぐっとゆったりして、ゆたかなものになる。

まずは冷たいビールを、ぐびぐびっと飲んで「あーっ！」と、……いや、そんな声に出したら、隣の知らない乗客に気持ち悪がられるから、あーっと心の中で吠え、弁当の包みを開け、蓋を取る。

さて、どれから食べようか。端っこのきんぴらごぼうでも、つまみますか。奥ゆかしく。割り箸をパチンと割って、きんぴらを二本つまんで口に放り込む。

そして車窓を見る。いい天気だ。富士はまだか。

なに、そんなにおいしくなくたっていいんだ。ビールがある。今のオレは、寛大だ。なんだっておいしくいただく。座席ひとり分の王国の主である。家来はいらない。法律もない。オレを乗せた王国はどこまでも突っ走る。オレは、今、自由だ。

……と、そういう、すばらしい孤独の駅弁ビール時間だが。

このコロナ禍の只中で、ふと思った。

何もそれは、新幹線の中だけでなくてもいいのではないか？

弁当で、酒。やろうと思えば、いつでもどこでも、できる。ひとりなら、なおさら時間や場所を都合しやすい。

さらに、考えてみれば、駅弁ばかりが弁当ではない。

ほか弁、コンビニ弁、牛丼屋の持ち帰り弁当と、見回せばいくらでもある。スーパーマーケットでも、公園の売店でも売ってる。今ならビストロのテイクアウトも弁当といえば弁当だ。さらにおふくろ弁当、愛妻弁当、己で作る手抜き弁当だって、弁当だ。あんぱんと牛乳をもって弁当とする、というのもある。

そこに缶ビールでも、カップ酒でも付けたら、単なる弁当時間が、いきなり小さな酒盛りになる。静かな、孤独の宴会だ。オレの宴会は密ではない。喋らない。マスクいらない。いいじゃないか！

やってやろう。ぬけぬけと。するっと。

思い立ったら吉日だ。仕事場を出て、ものすごく久しぶりに、近所のほか弁屋さんに行った。そして、ほか弁屋体験の原点ともいえる、一番安い「のり弁」を買った。三八〇円。

安い。オレが初めて買った時はたしか二七〇円だった。って、歳がわかる。ごめん、ジジイです。でもこれ読んでる人たちも、まあほぼジジイだろう（注：この文章の元は昭和オヤジの友「夕刊フジ」の連載であります）。

その足で、コンビニに行き、三五〇㎖の缶ビールを一個、買った。そんな流れ、初めてだ。ちなみに、平日の午前十一時半です、すいません。

それをさげて、近くの井の頭公園に行った。池の周辺でなく、広々した西園。桜がハラハラと散っている。花ももう最後だ。替わってイロハモミジの新緑が、発光しているように輝いている。いい季節だ。

木製の野外テーブルに着こうとしたら、隣のテーブルに、四枚の水色のナプキンが敷いてある。水筒もある。誰もいないが、明らかにこれから女子が、ここでアウトドアランチだ。

思わずちょっと、逃げた。そんな女子四人の横で、おっさんが午前中から、ひとりビール。のり弁食いながら。ヤバイでしょ。さすがに。何あの人。もうお酒飲んでる。こっち見てない？　ハゲてない？　やっだぁ、場所移ろ。そうしよそうしよ。

となるかは知らないけど。結局、自ら退き、散り桜からかなーり遠い卓に着いた。少し離れたとこに幼稚園児たちが元気に走り回っていて、かなり寂しげなおじいちゃんかもなんだけど、まあそれはヤバいじじいよりはましだ。

でもでも、いざ弁当を広げ、缶ビールをプシュッとやったら……。

いいのよ。やっぱり。

突然訪れるこの晴れ晴れした開放感。

ズビビッと控えめに飲んで、ひと息つき、おかかと海苔のついたごはんをひと口、頬張ったら、心がスーッと伸びた。心の背中が丸まってたな。

ごはん、うまし。空、青し。ビール冷たし。これは、いいぞ！

いつでもどんなところでも、きっとオレは、自由になれる。

この不自由な時代、不自由な世界を、するりと抜ける道はきっとある。

それを見つけるには、技術も経験もお金も、いらない。

つまりこの世は、気の持ちようだ。

目刺し弁当はまさに「武士弁」！

極限の滋味を構成する三要素とカップ酒

今度は「まん延防止等重点措置」か。また飲食店は早じまいだ。まあいい、今夜は早めに仕事場のデスクで、ベント酒をするっとキメようじゃないか。

前から密かに狙っていた弁当がある。新宿駅新南口の構内にあるおにぎり屋「菊太屋米穀店」の「目刺し弁当」だ。あれを買ってきて、カップ酒と合わせよう。酒の銘柄なんぞ言いますまい。

しかし実際、店に行き「目刺し弁当」のサンプルをあらためてマジマジと見て、ちょっと笑った。

おにぎり二個と、目刺し二匹、タクワン二枚。ただそれだけ。

おにぎりには、海苔すら巻いてない。ゴマがひとつまみパラチョ。

ここまで削ぎ落とした弁当が、今どきあるだろうか？　四五〇円。それは、安いのか、高いのか。

買う時、正直、迷った。いや、これは買う。目刺し弁当は決まり。だけど、保険に、シャケのおにぎりでもひとつ付けたほうがいいのではないか。

だって、ビジュアル的にちょいとサビシ過ぎやしませんか。聡明なる読者の皆の衆、この写真、どうじゃ。

この目刺し二尾。小さいし。痩せてるし。乾いてるし。おかずとして、どうじゃ。あまりに貧相ではないか。「弁当」と名前を付け

るに、もはやギリギリの粗末さ、と言ったら言い過ぎか。

だが俺も男だ。保険をかけずこれだけ、「目刺し弁当」のみ買った。

気分は野武士だ。この、極限まで捨てて身軽になった弁当、「武士弁」と呼ぼう。そして、荒野を目指すが如《ごと》く、中央線に飛び乗った。

さて、仕事場の机の上で、包みを開いた。

瞬間、プーンと煮干しの匂いが漂った。目刺しが、煮干しの親玉に見えた。煮干しでめしか。ますます自分が貧しく思える。フトコロが寒い。武士の着物はボロボロ、頭の月代《さかやき》は伸び放題、わらじもすり切れている。俺は腹を空《す》かした、犬っころだ。

枯れ枝のように軽い目刺しの尻尾をつまみ、口に持ってきて頭からボリッとかじる。いや、本当にボリッという乾いた音がした。硬い、木のような身だ。

俺はそれをただ噛みしめた。そうするしかないのだ。

ところが、三度、四度と噛みしめるうち、いきなり神々《こうごう》しいまでの滋味が口の中に立ちのぼり、武士は慄然《りつぜん》として目を見開いた。

なんだ、これは。「うまい……実に実に」武士は唸った。

島国日本の海をる壺で煮詰めて、太陽の光と熱を注ぎ込んだような、底知れない旨みと香りが忽然と現れ、口の中をたちまち支配した。

それを噛み砕き、飲み込んで、白いおにぎりをむんずとつかんで、がぶりとひと口追っかけた。

この白めしが、うまい。口に残る目刺しの味を、受け止め引き継いで、水田に花を咲かすが如き働きをしている。善哉、善哉。これぞ和めしの基本なりや。目刺しをもうひとつかじり、めしを頬張る。いやぁ、これは、実にまぁ、よくできている。そうかそうか。惚れそうだ。いや、惚れ直した。

ここでタクワン、ポリッとひとかじり。そのみずみずしさ、「お新香」という漢字そのままの味だ。半枚の黄色いタクワンがここまで生き生きと働く姿を、俺は初めて見たかもしれぬ。

「うーん」さらに唸った。おにぎりには何にも握り込まれていなかった。白めし。具、無し。でも、いらない。ごはんのひと粒ひとかけらにも無駄がない。食べ進みながら、もはや俺は酒のことも忘れていた。

何か、食の根本、うまさの原始に、立ち帰らされた思いがした。居住まいを正される思いだ。おいしいは、ここからだろ。

グルメがなんだ。ジューシーな肉だ、キトキトの刺身だ、素材の味が活かされたスープだ、言ってろバカども。そんなもん所詮、人間の甘ったれて膨らんだブヨブヨの脳みその戯言に過ぎぬ。

全部食い終わって、茶をいれて飲んだ。心がしんと静まった。何もいらない。俺の魂は満たされていた。

ワンカップ大関は、冷蔵庫にしまい、あとで飲む。って、結局飲むんかい。

目刺し弁当●東京と大阪で店舗を展開する「米屋のおにぎり屋 菊太屋米穀店」のおにぎり弁当のひとつ。550円(2023年6月現在)。おにぎり弁当には他に鮭、だし巻き、たらこがある。

短い乗車時間を彩るアジ寿司と地酒

老舗弁当屋の鮨弁当とカップ酒を新幹線で

仕事で三島に行った帰り、久しぶりに列車内で駅弁！　しかも新幹線で！　コロナで、そんなこと全然やっていない。二年ぶりくらいか。嬉しくて、おっさん、ホームでスキップしそう。やめろって。

三島駅前の弁当屋「桃中軒」で「港あじ鮨」購入。店は狭くて新しいが、老舗の気がする。どこかそういう雰囲気がある。

と思って、今これを書きながら検索したら、なんと創業明治二十四年！　マジすか！　……って、ちょっと軽薄でしたごめん。沼津を拠点としてチェーン展開しているド老舗《しにせ》駅弁店だった。

合わせるのはやっぱり三島近辺の地酒がいい。「富士山」というめでたい名前のカップ酒を購入。冷えたのがなくて、常温だったけど、それもまたいいんじゃないでしょうか。

これを買い込んで、新幹線に乗り込むワクワクったらない。自由席でも座れた。ラッピー♪　ってピーやめろ。おっさん浮かれすぎ。

東京までそんなに時間はない。もったいぶらずに座った途端に包みを開け、カップの蓋も開ける。焦るな俺、またこぼすぞ。

あいにくの曇りで、車窓から富士山は見えない。富士が見えると、駅弁の味が二割ハネ上がる。今日は清酒富士山のカップの絵を眺めよう。

おお、なんとこのアジ寿司、ひと箱で三種類の味が楽しめるようになってござる！　いいじゃないいいのいいじゃないの。

握りと、太巻きと、この緑のゴロンとしたのはなんだ？　なんと握りをわさびの葉で包んでやがる！　こいつぁたまげた。そいつぁ楽しみだ。

と思って、はたと緑色のプラスチック小皿に気づく。ん？　なにこのザラザラ……あっと驚く生わさびセルフおろし！　さすが静岡、やってくれる。

わさびのかけらを、ちまちまとする。やりにくいけど、オイシサのためと思えばそれもまた楽しい。たちまちプーンといい香りが立ちのぼり、ニヤケる。

富士山をちびりと飲む。うまい。さて何から食べようか。王道で握りから行こう。酢で締めたアジの握りを、細く切ったシソの葉で巻いてある。生わさびをちょこんとのせて食べる。まずは醤油なし。うまい。これはうまい。子供の頃はこんなの全然おいしくなかった。今じゃうまくて仕方ない。酒にも合う。ああ、大人ンなっててよかった。

　次にわさびの葉で包んだやつ。おー、これもいい。初めて食べたけど、これはうまい。葉っぱが歯でプチッと切れる感触も楽しい。香りも爽やか。ちみちみ、これ、ひょっとして傑作じゃないの？　ついに我が社の大ヒット商品誕生かなぁ？　って、それ誰のつもり

だよ。ちみ、って誰よ。

ここでわさび皿に醤油投入。アジの太巻きを食べる。シソが巻き込んである ね。海苔が嬉しい。海苔に醤油が合うのね。そして生わさびがキマる。

わさびはとりあえず半分ぐらいすったんだけど、もう全部すりおろしちゃおう。

おろし、小せえな。トゲトゲも細かすぎ。なんて、もう文句言ってる。あるだけありがたいと思え俺。はーい。

ここでひと息。また富士山をゴクリ。あぁ、ウマイねえ。

いいなぁ、やっぱり駅弁て、大きな大きな旅の楽しみだ。短い新幹線時間が、かくも芳醇な味と景色の移動空間になりにけり。

はよコロナ、立ち去れ!


港あじ鮨●駿河湾の鯵を太巻き、握り、握りのわさび葉包みの三種に仕立てたあじ鮨。「桃中軒」が製造販売する人気駅弁。1080円(2023年6月現在)。

わびしい雰囲気を吹っ飛ばす唐揚げ弁当

ホテルの部屋で居酒屋のテイクアウト弁当とビール

仕事で、都内のビジネスホテルに泊まった。部屋で原稿を書いていたが、夕方六時半、腹が減って、表に出た。無論、一杯いきたい気持ちもある。

しかし、東京都内はもろ緊急事態宣言中だ。表に『アルコールのご提供はできません』と貼ってある飲食店も多い。

だが、駅からちょっと離れた人通り少ない路地裏には、書いてはないけど、どうやら酒類を出している気配の店もある。あの客の声、酔ってるよな絶対。

通り沿いに「おでん」という赤提灯に灯りの灯った店があった。営業中だが、酒は出すとも出さないとも書いてない。ガラス越しに覗くと客はひとりもいなかった。ここは飲ませるか飲ませないか。テイクアウトで、お弁当は出しているようだ。

ここに入って、飲めたら飲む、飲めなかったら、生姜焼き弁当を買って、コンビニで酒買って、ホテルでベント酒だ。よし。

そう思ってガラッと入る。年配の大将と女将。大将が「いらっしゃい、カウンターのほうへどうぞ」と力強く言う。テーブル席もある。

見回したが、飲めるとも飲めないとも、どこにも書いてない。が俺は、

「ビール」

と、そのひと言が言えない。喉をつまらせるようにして、

「持ち帰りはできますか」

と言うと、女将が「はいできます」と言った。だが表の持ち帰りメニューが無い。

「あの、持ち帰りメニューは」

と言うと、冊子型のメニューが出された。めくると、おつまみがひとつも書いてない。さらに飲み物のページも、外されているのか、無かった。

壁には焼酎と日本酒の一升瓶が並んでいる。でも、どこにもその品名と値段がなかった。やっぱり出してないのか。そりゃそうだよな、酒類売るなと小池知事は言ってるんだもんな。だから客が誰もいないんだよな。そりゃそうだ。

でも、おでんのいい匂いがする。目の前にあるのだ。ここで、熱いおでんと冷たいビールをコップ一杯飲めたら！　と思いつつ、

「チキン唐揚げ弁当ください」

と、俺は思ってないことを言った。生姜焼きじゃないんかい。

女将がお茶を出してくれた。啜ったが、気持ちが萎えてうまくもなんともない。

シーン。

この、夕刻の居酒屋のカウンターで、おでんの匂いを嗅ぎながら、ただ弁当ができるのを待っている時間の、長かったこと長かったこと。その間、誰ひとり客は入ってこない。

俺は、いったい何をしているんだ。

「親父さん、待ってる間、ビール一杯飲ませてくれませんか」

くらいの、大人として洒落たことが言えんのかね俺は！　意気地なし！

できた温かい弁当を持って、コンビニに行き、缶ビールと「タコとブロッコリーのバジルサラダ」なんぞ買い、宿に戻る。

写真をご覧ください。鏡に映った己のアホヅラを見ながらのベント酒でご

ざいます。弁当の周囲に、電話や「揉みほごし」の案内とかあって、なんだかわびしい。

せめて缶ビールをコップに注いで飲もうとしたら、紺色のプラスチックグラスしかなくて、これがビールの色に似合わないことはなはだしい。まずそう。

ところが。チキンもごはんも、予想外にウマかった！　タルタルソースもいいぞ。キュウリのお新香まで実においしい。親父さん、女将さん、ごちそうさま。辛い時期でしょうが、どうかがんばってください！

キャベツ畑で味わう、俺の大発明！

都会の小さな農園にて、焼きそばパンと発酵レモンサワー

焼きそばパンって、いつ頃、誰が発明したんだろう？　ってて、ネットを検索すれば、なんか出てくるんだろうが、それもつまらないので、あえて調べない。

ボクが想像するに、日本人がコッペパンを食べ始めたかなり早い時期に、いろんな人がいろんな場所でほぼ同時期に、思いついたんじゃないか、と思う。それはたぶん男だ。

「ここに焼きそば挟んだら、きっとうまいぞ」

と、大変なことを閃いたような気がして、ソース焼きそばを作り、パンに挟んで食べてみたら、

「おっ、うまい！　これ、めちゃくちゃうまいぞ！　大発明だ！」

と、なったんではないか。

その男の興奮した顔を想像すると面白い。たぶん二枚目ではないと思う、そんなこと思いつくやつ。

しかも、彼は全国で既に同じことを思いついた男がいることなんて、考えもしない。でさっそく、身の回りの人に作って食べさせ、ウケたりウケなかったりしたんではないか。たぶん女子にはウケなかった。

女子にウケなかったことで、失意のうちに「俺はうまいと思うんだけどなぁ……」となってて、翌年、パン屋でそれが市販されてるのを見て、

「あっ！　これ、俺のほうが早かったぞ！　くそっ、やられた！」

と、目の色変えて、地団駄踏んだ。

という男が、日本中に、何人もいたんではないか。

という、まあ妄想が湧いたんだけど。

これ、短編漫画にできるな。『俺こそ元祖！　〜地団駄焼きそばパン』。

いろんな食べ物で「今、みんなが食べている○○は、うちの祖父が発明した」みたいな話を聞く。

ボク自身が聞いた話は、

「キムチチャーハンは、大阪でうちの祖父が最初に作ったのが、広がった」

「うなぎの肝焼きを発明したのは、この店の初代」

これ、いずれも、二軒のお好み焼き屋と、二軒の鰻屋で聞いた。


日本にはいろんな「元祖」があるけど、たいがいのものは、そんな感じじゃないかと思う。ウソじゃないんだけど、他の人も作ってるっていうの。

前置きが長くなったが、そんな焼きそばパン、もちろん大好きだ。

パンと麺、炭水化物に炭水化物、ひとつでダブル弁当っぽいじゃないか。これと合わせる酒は、何がいいだろう。焼きそば単体だと、絶対ビールが合うのだが、焼きそばパンとなると……。

サワー、どうだろう。キリンの「麒麟特製レモンサワー」がおいしい。だが、アルコール九％でちょっと高い。まだ真昼間であることをちょっと気にして、七％の「麒麟発酵レモンサワー」にしておこう。

って、人様が働いてるうちから酒を飲もうなんてフトドキなことに変わりないじゃねえか、クスミセンセェよぉ。

すいやせん、お言葉ですが、これも大事な連載のためっすから、仕事ですから。すいやせん、ここはひとつ、お見逃しを、へへへ。

さて、お気に入りのベーカリーで、焼きそばパンを一本買い、冷たい発酵レモンサワーがぬるくならぬうちに、食べるところを探す（買い物から帰ると、なにはさておき、そそくさと酒類を冷蔵庫に入れる男だ）。

さっそく暗渠の上の公園にベンチを見つけた。

が、食べる前に写真を撮ろうとしたら、日陰できれいな写真が撮れない。てんで、一応仕事根性を出して、別の場所を探して、住宅地を歩き出す。

そしたら、小さなキャベツ畑発見。いいじゃないか。都会の中の小さな農園。ボクの生まれ育った三多摩には、昔から時々キャベツ畑がある。日の光が燦々《さんさん》と輝き、モンシロチョウがところどころにヒラヒラと飛んでいる。キャベツ畑のモンシロチョウを目で追う、なんて行為、何年してないだろう。

ボクはその端の低いブロック塀に腰を下ろした。農家の人も、通行人もいない。焼きそばパンを出す。発酵レモンサワーの缶はまだ冷たい。

カシュッと開ける。ズビビと飲む。うまい。

罪悪感、思ったよりない。この缶の爽やかなデザインのせいか。これがカップ酒だと、一気にアル中オヤジの図だ。って、変わりゃしねえってか。

　焼きそばパンを出して、ガブリと頬張る。

　ソースの香りが口から鼻に抜ける。うまい。

　もぐもぐ噛むと、口の中で、キャベツの歯ごたえだけがしっかりしていて、炭水化物祭りの中で、なくてはならないアクセントだとわかる。キャベツ畑でキャベツの力を味わう。

　ああ、うまい。そしてサワーとすっごく合う。焼きそばパンと発酵レモンサワーの組み合わせ、俺の大発明じゃねえか？

　って、同じこと考えてるやつ、いっぱいいるよな。

「キャベツになりたい」（作詞・作曲：久住昌之）演奏：QUSDAMA
※アルバム『大きなくす玉』（地底レコード）に収録。

二〇二一年

夏

（六・七・八月）

この時期の出来事

六月　［**新型コロナ関連**］十八日、九都道府県で緊急事態宣言が解除。まん防に移行した地域では要件を満たした飲食店で午後七時まで酒類提供が可能に。一方で感染状況により知事判断で制限も。［**そのほか**］三日、雲仙・普賢岳噴火大火砕流から三十年。／八日、附属池田小児童殺傷事件から二十年。／バイデン米大統領とプーチン露大統領がジュネーブで初会談。／国が公文書改ざん問題で「赤木ファイル」提出。

七月　［**新型コロナ関連**］東京二四度目の緊急事態宣言。［**そのほか**］三日、静岡・熱海で大規模な土石流。／米大リーグオールスター戦で大谷翔平選手が初の二刀流出場。／大相撲名古屋場所で横綱白鵬が四五度目の優勝。／二十三日、新型コロナによる史上初の一年延期を経て、第三二回夏季五輪東京大会が開幕（～八月八日）。感染対策のため原則無観客開催。／二十六日、「黒い雨」訴訟、国が上告せず。

八月　［**そのほか**］アフガニスタンで反政府武装勢力タリバンが全土をほぼ制圧。／二十四日、第十六回夏季パラリンピック東京大会が開幕。

痛そうな焼き鯖めんたい弁当

ビールを飲むのも忘れて夢中で食べた

博多から佐賀に向かう特急みどりの車内で、ベント酒をしようと思い、博多駅構内を物色していて、「焼き鯖めんたい弁当」というのを見つけた。

サンプルがあって、見るとサバの塩焼きの半身の真ん中に、切れ込みが一本入れてあり、パックリ開いたそこに明太子をほぐしたのが塗り込んである。見た瞬間「痛そう」と思った。頭に『傷口に塩を塗る』という慣用句が思い浮かんだ。

ざっくり切った傷口に、塩どころか、明太子なんぞ塗り込まれたら、それはもう悶絶なんてもんじゃないだろう。

サバが気の毒になった。釣られて、ズタズタにさばかれて（駄洒落じゃないよ）、ジリジリと焼かれた肌を出刃包丁でバックリと割られて、その傷に明太子を塗り込まれるとは。

サバ、散々だ。人間もひでぇことしやがる。

まあ、とにかく、見た目に痛々しかった。でも「うわー」とかちょっと笑ってしまい、別の弁当を物色した。肉系でうまそうなのがいろいろあった。が、一五〇〇円とかちょっと高い。ついつい痛いサバ明太に戻ってしまう。値段を見ると、一〇八〇円と、安くはないが、特別高くもない。

サバの塩焼きは好きだ。明太子も好きだ。案外いいかもしれない。

しかし「バター醤油風味」とあるのが、少し引っかかった。バター、いるか？　くどくないか？　さらにじっと見

時間をかけ全部混ぜると
めちゃウマ。

ると、サンプルにはかなり緑色の細切れ葉っぱがたくさん入っている。近くにいた若い女性店員さんに「この緑のはなんですか？」と聞くと、高菜だという。高菜。いいじゃないか。これで、ぐっとこの弁当に傾いた。それもこの量は嬉しい。すると彼女は

「それ、おいしいですよ！」

と言った。その顔が、本当にそれが好きそうな笑顔だった。

「ホントですか？」

と、疑ってるつもりじゃないがつい言うと、

「はい！」

と力さらに強く答えた。その声に、よろめきました。そこへさらに彼女は、

「お醤油もとってもおいしいんです！」

と付け加えた。お醤油が。この言葉にもダメ押しの説得力と魅力があった。もうダメだ。缶ビールとともに購入し、列車へと急いだ。

さて、座席で見ると、包みに食べ方が書いてあった。

『醤油を鯖に均一にかけ、丁寧に鯖をほぐし、ほぐした鯖をご飯からすくうようにかき混ぜる』とある。すると『錦糸・青菜・鯖・明太子・ご飯・バター醤

油が三位一体となり一層おいしい』。

ちょっと待て、それ、三位一体どころじゃないだろ。

包みを開け、おいしいという醤油を、控えめにかけた。

鯖をほぐすのが、皮が邪魔でなかなか難しい。時間がかかる。さらに、「ご飯からすくうように」混ぜるのも、こぼしそうで気を遣う。電車も揺れるし。

やっとのこと混ざった。途中、鯖の骨も数本出てきて「この弁当、面倒くさい、失敗か」とも思った。腹が減っていて、気が急《せ》いているのだ。

ところが、完成したものを食べると……超ウマイ！

鯖香ばしく、明太の味もよし、全体の味が混じって、六位、いや六味一体、めちゃくちゃおいしい！　醤油、たしかにとってもおいしい。

しかも食べ進むうちにどんどん味が馴染んでおいしくなっていくような気がする。いやおいしくなってる。最後の最後までうまい。

ビールにも合うと今は思うが、その時は、それを飲むのを忘れるほど、夢中で食べた。心配していたバターも、効果的でくどくなんかない。箸休めの甘い豆が、意外にも合うのが面白い。いいじゃないか。

近年の駅弁の大ヒット。いいもの知った。

こぼさないようにしっかりまぜるのは大変。
時間がかかる。アセルな。
狭い

焼き鯖めんたい弁当●博多駅で購入できる、福岡でお弁当を製造販売する株式会社ENM（春夏秋冬屋）によるご当地駅弁。1080円(2023年6月現在)。

空弁で食べるヨシカミのカツサンド、さすが！

老舗洋食屋の絶品サンドとビール

この連載で、最初に思いついたのが、浅草の洋食の「ヨシカミ」でテイクアウトをしてビールと一緒に公園で飲む、ということだった。

ところが、その日わざわざそのためだけに浅草まで電車に揺られて行ったら、まさかの定休日！（そのぐらい事前にネットで調べておけ俺、って話）

で、その日は別の店の弁当を買ってその場を凌《しの》いだのだが、先日羽田空港に行ったら、構内の「空弁《そらべん》」コーナーに、「浅草ヨシカミのロースカツサンド」箱入りが売っているではありませんか！

しかも、緊急事態宣言も終わって、缶ビールも売っているではありませんか！　やった、あの時の無念残念を晴らせる。

即購入。七〇〇円。と、缶のエビスビール三五〇㎖。

そこにテーブルと椅子がある。渡りに船、よし、今回はここでベント酒だ。と思って座ろうとしたその時！

『ここで酒類を飲むのをご遠慮ください』

とプリントした紙がテーブルに貼ってあるではありませんか！

大ショック。食う気満々、飲む気満々だったのに。なんでぇ？　ビール売ってて、それをそこでは飲ませないって。

知らんぷりして飲む？　いや、それが見つかってお上に咎められたら、ボクだけでなく、この文章が連載されている「夕刊フジ」の信用が失われる。

ここはガマンしました。カツサンドとビールを鞄にしまって、ビールがぬるくなっちゃうなぁと思いながら、搭乗した。

で、約二時間後、旅先の空港の構内で飲みました。

飛行機でのガマンもあって、プシュッと開けた缶ビールのうまかったこと！そんなにぬるいと感じなかった。缶ビールを缶からそのまま飲むの、あんまり好きじゃないんだけど（ビールはいつでもコップに注いで飲みたいんです、すいません軟弱で）、この時は缶から直でズビビッと飲んだエビスビールが、うまかった。

さて、ロースカツサンドだ。

紙箱を開けて、ビニールの包装を剥くと、おお、食パンがトーストされているじゃありませんか！（ありませんかブーム）。嬉しい。売ってるカツサンドでトーストしてあるの、初めてかも。ボクはトーストの冷めたのも好きなんです。

さらに嬉しかったのは、千切りキャベツが入っていること！　市販のカツサンドって、キャベツから水が出やすいことからか、挟んでないものが多い。「キャベツがなきゃとんかつなんて食わねえ！」と豪語するキャベツ好きの俺だ（豪語かそれ）。これはありがたい。

ガブリとかぶりつく。ん。うまい。ソースの量がやや多いか？　しかしそれはビールの肴としては実によろしい。ミシッとくるパンの噛み心地にニンマリする。

微かなトーストの香ばしさがたまらない。

そしてそして、やっぱりキャベツだ。少なめだがしっかりしたシャキシャキさが俺にはたとえようもなく嬉しい。

む、でもこのキャベツ、生そのままじゃないぞ。ちょっとコールスロー的な調理が施されている。なるほど！

ありがたや。こういう工夫、大歓迎。というか「とんかつにはキャベツ」という精神を全うするために、工夫と努力を惜しまない姿勢に、俺は泣ける。コールスローも大好物なのです。

微かにマスタード的な香りもソースに感じるが、それは気のせいか。コロモに染みたこのソース、たまらなくおいしーす。

総合的に完成度の高いカツサンドで、ヨシカミ本店で食べるとんかつやカツサンドとは、まあ別物だけど、全く劣ることない一品でありました。いやー、いつかの定休日の無念をおいしく払拭でき、大満足。ヨシカミ、さすが。

カツサンド●「うますぎて申し訳けないス!」のコピーでおなじみの浅草下町の洋食屋さん「ヨシカミ」のロースカツサンド。三切入り、800円（2023年7月より）。羽田空港限定商品。

凄すぎる卵サンドを食べて考えた

小淵沢の有名店の卵サンドイッチを仕事場で

七月十三日（二〇二一年）から個展が始まるので、準備の追い込みで、酒なんて飲んでいられない。
今日も仕事場で作品作りの合間に、ささっと食べられるサンドイッチだ。駅ビルの中の店で「八ヶ岳高原たまごサンド」というのを買っておいた。飲み物は、近所のコンビニのホットコーヒー。最近は淹れたてが一五〇円で、なかなかおいしい。これもコロナで喫茶店に行かなくなってから知った。
しかしこのサンドイッチだが。写真をご覧くださいまし。パンに対して、卵、厚すぎだろこれは！（紙箱の中のビニールの中袋は写真のために取り除きました）
挟む二枚のパンの厚みを二としたら、卵の厚み、三はある。五分の三が卵。

卵六割の卵サンド。ちょっと見たことがない。
ビジュアルが卵すぎて、これが一食かい？　という単調さ、軽さ。卵は嫌い
じゃないからこれを選んだんだけど、単体でこうしてみると、黄色一色の存在

感がパンを押しのけて迫ってくる。パンが気の毒に思えるほどだ。

あ、横に一番搾りの糖質ゼロのビール缶が見えますが、これはこの連載用に置いてみただけで、実際は飲んでません。これを書くにあたって、タイトルがベント酒だから、どうしても酒を並べないと、と思いまして。今になって、正直にコーヒーを並べて書けばよかったと、後悔している。やっぱりウソはよくないですね。

なんて、言い訳めいたこと書いてると、「クスミの野郎、今回は飲まない、なんて書いてどうせ飲んじまったんだろう」と思われちゃうんだろうな。仕方ねぇや。普段の行い（ドラマでの）が悪い。

で、この卵サンドだけど、食べたら見た目よりおいしかった。何か、卵だけじゃない味がする。と思って、箱を見たらマヨネーズ・バター・マスタードなどが入っているのだった。なるほど。

さらに、これを作っているのは、中央本線小淵沢駅の駅弁屋さん「丸政」ではありませんか。

知ってます。おいしくて有名な店。中でも「甲州かつサンド」が、予約しないと買えない。だからボクは食べたことがない。でもおいしいとの評判は昔から方々で聞く。

あの店の卵サンドか。さすがだ。

急に見え方が変わる。現金な野郎だ。やっぱりオメエも有名人に弱く、世間の高評価に弱うぇえのか？

パンが薄すぎて、ちょっと心配になるけど、ガブリと噛むと、スッと前歯で全部が噛み切れて、食べやすい。ミルクシュガー抜きの熱いコーヒーに合う。うん、これはビールじゃイマイチじゃないかなぁ。合わせるなら赤ワインとか、冷えた白ワイン。なんて、また酒のこと考えてる。

卵焼き、という考えから一回離れないと、このおいしさはわかりづらく伝えづらいかもしれない。

口の中でこれを味わいながら思ったけど、ボクは卵は好きだけど、卵が脇役的な存在の時、特においしいと感じるみたいだ。

その一番はすき焼き。すき焼きの生卵が一番好きな卵の食べ方。必ずと言っていいほど、卵のお代わりをする。

二番目はおでんの卵。あれも他のおでんがあるからこそ輝く。卵ばかりのおでんなぞ、考えるのも嫌だ。

卵単独で食べるのは、ビールのつまみに、ゆで卵に塩をつけたのを一個食べるくらいだ。

福岡・門司の古い角打ちで食べたゆで卵、うまかったなぁ。カウンター上のザルに入ってて、勝手に取って自己申告制。するとおばちゃんが殻を入れる小皿をすっと出す。自分で剥いて、食う。たしか五〇円。横に食卓塩が置いてある。よかったな。

この、卵が単独で立派に主人公すぎるサンドイッチを食べて、あらためて卵のことを考え直したボクちゃんでした（なにがボクちゃんだよ）。


八ヶ岳高原たまごサンド●八ヶ岳の風土を生かした商品を開発している大正7年創業の駅弁屋さん「丸政」が八ヶ岳高原産の新鮮な卵を厚焼きにして作ったたまごサンド。800円（2023年6月現在）。

カレーおにぎり〝逆転の発想〟の妙味

特急あずさでおにぎり二種とプーアール茶

中央本線を特急あずさで、山梨に行った。小腹が減っていたので、新宿駅で何か買おうと思って思い出したのが、南口構内のおにぎり屋の「目刺し弁当」。この連載の最初のほうで食べて感動した粗食弁当だ。あれをもう一度食べてみるか。初心に帰れ。

足早にその売り場に行って、店頭でいきなり目移り。

『カレーのおにぎり』

なるものがあった。

カレーのおにぎり。ありそうで、ない。カレーパンはこんなに各種あるのに。カレーには弱い。カレーの香りと色に弱い。そこにライスが付いたものには、つい、よろめく。先ほどの初心に帰れの精神がいとも簡単にぐらつく。

しかも『お米はカレー専用に炊きました』と手書きのポップが添えてある。

この時点で目刺し弁当が頭から消えた。どうした俺。粗食の感動はどうした。

黄色いおにぎりだ。海苔はない。なぜ。どういう。もうだめだ。購入。

ひとつじゃさびしいので「サバ塩焼おにぎり」も買う。カレーおにぎりが失敗だった場合のためだ。安定の鮭おにぎりで保険をかけるのが、ちょっとこざかしいと思って、少しだけ冒険して、サバにしてみた。

飲み物はビールと行きたいところだが、緊急事態宣言ということで、一応パス。政府の「アルコールが感染拡大の元凶」と決めつけたやり方には超ムカついてるけど、ここは黙ってお茶にする。ドラマ『孤独のグルメ　Season 9』でも、ノンアルコールビールで通している俺だ（自慢することか）。

近くのスタンドで無添加の冷たい「金花プーアール茶」を見つけ、購入してあずさに乗り込む。

飲み物がビールだったら、せめて高尾駅を過ぎて、列車が山間部に突入してからプシュッとやるのが旅情だが、酒がないなら立川を待たずにおにぎりの袋を開ける。

まずはカレーおにぎり。

海苔がないので、崩れやすいぞ。しかもカレーで若干油があるから余計ぱらっといきそうだ。列車の揺れに注意だ。白いシャツを着てなくてよかった。ビニールを剥くと、プーンとカレーの匂い。キタキタキタ！　と、ん？　このカレーの香り。どこかで嗅いだ感じだぞ……。あ！「カール」だ。おやつのカール。カールのカレー味。懐かしい。

ごはん粒がこぼれないように注意して食べる。……ウ、ウマイ！　どうしてみんなこれを思いつかなかったのか。いや、思いついた人はあまたいよう。しかし、なぜこのような形に完成できなかったのか。言ってみたら「カレーピラフにぎり」だ。

このおにぎり、うまいぞ！　たしかに素手で触っては手が油になる。だが、包みつつ食べれば問題ない。ビールのつまみにもなる。いや、焼酎ロックも絶対うまい。ハ

食べていたら中から
福神漬けが出てきて驚く。

イボールにもきっと合う。うん、これはベント酒に最高。

と、食べていたら中から福神漬けが！　なにその逆転の発想ピタゴラス。脇役の薬味が中心に。しかも、中心の座を譲りながらも、カレーごはんが主役なのは微動だにしない。たぶん部下からのこのアイデア、通した上司にも拍手だ。カレーごはんで福神漬けを握り込むとは。誰が考えたんだろう。

いやー、感動のカレーおにぎり。あっという間に食べきり、サバ塩焼おにぎり。これもうまかった。

脂がのった塩鯖が、おにぎりの海苔と飯に相性悪いわけがない。こちらは日本酒のアテにも間違いない。

残念ながらお茶、と思ったら、このプーアール茶、めちゃうま。ホコリ臭いようなプーアール独特の香りが生きていて、好き嫌いはあるだろうが、俺は大好きです。

失意のどん底ベント酒で初心に帰る

宇都宮の宿でコンビニ焼きそばと日本酒

ソース焼きそばが、大好きなんです。

本格的な中華焼きそばじゃなくて、どちらかというと駄菓子っぽいやつ。縁日の屋台の、具がキャベツとほんの少しの豚バラ肉だけ、なんてのがいい。前に宇都宮で入った古い焼きそば屋のは、具がキャベツのみだった。肉無しの潔さ。しかも、メニューはその一品のみ。その大・中・少（ママ）。飲み物は紙コップに水、セルフサービス。削ぎ落とすだけ削ぎ落とした、店だった。でもおいしかったぁ。酸味のあるソースがよかった。キャベツもしっかりしていて甘みがあった。麺はかためで、噛みしめるうまさがあった。ぜひまた食べたい、と思っていた。

そこへ、ドラマの撮影で宇都宮に行くことになったので、小躍りした。あの究極ソース焼きそばがまた食べられる！

さて、宇都宮での仕事が終わって、小走りの気持ちで店に行くと……。

ガーン。六時で店は閉店していた。ショック大ちゃん。

肩を落として宿に戻り、シャワーを浴びて、ひと息ついてゴロンとして、ボケーッとして、さて、気を取り直してなんか食べに行こうか、なんてダラダラしてたら、しくじった。

栃木も蔓延防止設置で、七時半でどこもラストオーダー。飲食店がどんどん看板を消していく。カレーライスの写真が出てた喫茶店も、入ったら食べ物はラストオーダーが終わっていた。

閉まりかけたラーメン屋を見つけ「イイですか？」と言ったら老夫婦が「どうぞ」と言ってくれたので、入って席についた。ホッとして「ビールとぉ」と言ったら「申し訳ない、アルコールは七時で終わり。どこに行ってもそうですよ」と言われた。ガガーン、ガーン、ショボーン。

座ったばかりの腰を上げて、店を出た。もうダメだ。店を探し回ったが、全部閉まるところ。失意のどん底で、宿の近くのセブンｰイレブンに入る。

もう焼きそばしかない。銘柄などなんでもいい。セブンオリジナルのソース

焼きそばをあっためてもらい、缶ビールと冷えた日本酒を買って、戻る。

今夜はヤケ酒の部屋飲みだ。

コンビニの焼きそばを買って、その場であっためてもらって、ひとりで食べるというのは、考えてみたら初めてかもしれない。いや初めてだ。

黙って、冷静に食べたそれは、麺が焼きそばというより、蒸しそばという感じで、モソモソしていた。こういう焼きそばを遠い昔食べた気がする。

そうだ、七〇年代の終わり、コンビニが全国展開する前に、実家の近所にできた自販機の焼きそばだ。箱のまま温められた焼きそばが、ゴトゴトンと出てきた。酒を飲んだあと、腹が減って夜中に食べた。友達と「焼いて、ねえじゃん！」と笑いながら、フガフガ夢中で食べた。何度か、食べた。二十四時間営業の牛丼屋もまだ近所にはなく、夜中はそれしか、なかったのだ。だからウマかった。

その焼きそばを突然思い出した。いや、味は無論セブンのほうが格段にオイシイ。でも思い出したんだから仕方がない。同じような心境で食べたからかもしれない。

テレビを点けて、コップに注いだビールを飲みつつ食べているうちに、がっかりした気持ちも晴れてきた。焼きそばは、そんなにオイシくなくてもイイのだ。自分にそういう食べ物があるのは、悪くない。

そうだ、自分の「ウマイ」はきっとこんな味から始まっている。そして、きっとこんな味に終わるのだ。上等上等。

俺はビールと焼きそばを平らげて、コップを洗い、そこに冷酒を注いで、くいっとひと口飲んだ。それはもはやヤケ酒の味ではなかった。

二〇二一年

秋

（九・十・十一月）

この時期の出来事

九月　［**新型コロナ関連**］変異株が猛威をふるう。感染力の強いデルタ株が流行した第五波（七月一日〜九月三十日）では、全国各地で一日当たりの新規感染者数が連日、過去最多を更新。国内の感染者数は計百五十万人を突破。

十月　［**新型コロナ関連**］累計死者数が一万八千人超に。［**そのほか**］九月二十九日に自民党総裁に選ばれた岸田文雄氏が四日、第一〇〇代首相に就任。岸田内閣の発足後、十四日に衆院解散を決定。三十一日の衆院選で自民党は単独過半数超の議席を獲得。／二十六日、秋篠宮家の長女眞子さまが小室圭さんと結婚し皇室を離れる。

十一月　［**新型コロナ関連**］三十日、新変異株「オミクロン株」がナミビアから入国の男性から国内初確認。［**そのほか**］第二次岸田内閣が発足。／将棋の藤井聡太三冠（王位、叡王、棋聖）が新竜王に。史上最年少十九歳三カ月で四冠達成。／米大リーグの大谷翔平選手がＭＶＰに選出。／テレビ時代劇『鬼平犯科帳』主演などでも知られる歌舞伎俳優で人間国宝の中村吉右衛門さんが二十八日に死去。享年七十七。

立ってよし寝てよしの総合格闘技の王者弁当

崎陽軒のしょうが焼弁当で仕事場晩酌だ！

晩酌、というものをしない。これまでずっとしなかった。そのことはいろんなところに書いた。理由は、仕事を深夜までやるからで、夕飯時に酒を飲んだらそれ以降、仕事ができなくなるからだ。

酒は、全部仕事が終わってから。

昼飲みは、旅先と、飲むこと自体が仕事な時と、完全に休みの日だけ。ただしボクは一年を通して、完全な休みの日は、ほとんど無い。そして、完全に休みでも、何もせず朝から酒を飲むなんてのは、全然楽しくない。遊びでも散歩でも、なんでもいい。ひとつ何かしてから、飲むのがうまい。酒に対してそういう性格なんだろう。

ところが。

コロナになって二年目。

最近、晩酌、のようなことをたまにするようになった。

なぜか。それは緊急事態で店が早く閉まるので、深夜飲みができなくなり、早起きになったからだ。

早起きすると朝ごはんを食べて、午前中から仕事をする。昼は食べないで、一生懸命原稿を書いたり、絵を描いたりする。

そうすると夕方、猛烈に腹が減る。そして夜七時ともなれば、からだも疲れてきて、集中力も落ちてくる。そりゃそうだ、ギター弾いたりして気分転換しながら、かれこれ九時間ぐらい机に向かっている。

そこへ来て、店は八時で終わる。飲食店の応援だ！　と近くの焼き鳥屋に親子丼を食べに行く。

ここの親子丼がうまい。いい鶏を炭火で焼いてるんだからそりゃうまいわ。しかもこの夏からうな丼まで始めた。炭火で焼くうなぎはうまい。ところがうな丼は時間がかかる。待つ間、ビール一本。つまみ一品。

仕事も十分して、今までより早めに飲むこのビールがうまい！　おいしくてゴクゴク飲んで、うな丼が出てくる前に、飲み切ってしまう。間がもたない。

じゃあ、なんだ、冷酒でも一杯……となる。そのうちうな丼が来る。酒をちびちびやりながら、うな丼。

これ、どこからどう見ても晩酌の図だ。

こうなると仕事場に戻っても、もう仕事はできない。やめやめ。家に帰って、焼酎でも飲む。結局、いつもより早く酔って早寝する。と、翌日、早く目が覚める。

冷めてもおいしいシウマイ弁当のごはんは同じ。ひと口分ずつ分けてあるのもいい。

いい循環じゃないか。そのまま早寝早起きのライフスタイルに、と思うが、そううまくはいかないのがこの商売だ。毎晩はできない晩酌。コロナが終わったら元のモクアミか。それとも生活変えられるか。

だが晩酌も俺の中で「アリ」になった。

ある晩は、飲み屋が開いてるうちにその日の締め切り仕事が終わりそうになかった。それで、夕方に駅前でシウマイの「崎陽軒」の「しょうが焼弁当」を買っておいた。初めて見る弁当だ。

これでちょっと遅めの仕事場晩酌だ。

豚の生姜焼きは、薄くて大きいのが四枚。これがまさにごはんに合う、ごはんがぐいぐい進む味。さすが。四枚というのがエライ。これを七八〇円で出すには、いろいろ工夫しなければならないだろう。

玉ねぎ炒めが別に添えてあるのもスバラシイ。安易に千切りキャベツとかでないところがさすがだ。豚肉の味を引き立てる。

竹の子と高菜と挽肉炒めは、ピリ辛で全体を引き締めてる。

そこに真面目なポテトサラダ（雑なポテサラむかつく）。紅生姜と漬物。

全部うまい。大胆かつ繊細。この弁当、隙がない。打撃も関節技も凄腕、立ってよし寝てよしの総合格闘技選手のようだ。

本当に崎陽軒の弁当はどれも、腰を据えてじっくり考え、試行錯誤の末に完成したひと箱に思える。かっこつけてない。質実剛健。頭が下がる。残った弁当をおかずに、ウイスキー水割りに移行。崎陽軒、晩酌から見ても、盤石。


しょうが焼弁当●やわらかく冷めてもおいしい豚肉のしょうが焼きをメインに構成されたお弁当。原材料等の価格高騰により2022年10月に価格改定され、810円（2023年6月現在）。

立ち食いうどんのテイクアウトに驚く

ケチらない量がスバラシイ、これで六〇〇円は〝激安〟

仕事場のある吉祥寺に新しくできた飲食店で、ボクが心底「これはありがたい！」と思えたのは、中央線高架下の「いぶきうどん」くらいだ。

ボクは近年、うどんで一番好きなのは、九州のうどん。コシがあまりなく、やわらかめ、でも出汁の味がよく、麺に絡みすると食べられる。そこにごぼう天などのせるとさらにうまい。かしわうどんもいい。

いぶきうどんは、そうではなく讃岐うどんだ。麺太く、その断面四角く、ガシッと腰があり、つるりとした喉ごし。いりこ出汁がガツンと効いた汁。

讃岐うどん離れしていたボクだが、ここのうどんはウマイ。このウマイうどんを立ち食いで安くさっと食べて仕事に戻れるのは、忙しい時大助かりだ。

そしてよく見りゃテイクアウトもしているではないか。コロナで始めたのか。

よし、きまり。今夜はうどんベント酒だ。

というわけで初めて買ってきました「とり天ちくわかけうどん」六〇〇円。結構待たされました。麺も頼まれてから茹でるが、天ぷらも注文されてから揚げる。外の歩道で待ってましたが、平日の夕方六時、若者、年配の男性、小さなお子さんをつれたお母さんと、三組が待っている。

十分以上待って、やっとできた。

でも仕事場はそこから遠くないので、帰ってもまだとり天が熱い。汁もぬるくなっていない。

合わせるのは発売したばかりのアサヒ・マルエフの缶ビール。こいつをコップにあけて飲む。うむ、このビール。うまい。同社のスーパードライとは全然違う。ちょっと昔のビールっぽい。飲んだあとに口に、子供の頃に大人の残したビールを舐めて「おえっ、マズイ!」と思った、あのビール味が微かにする。大人の俺には、そここそがウマイ!

間髪をいれず熱いとり天をひと口。これ、めちゃくちゃウマイ! 鶏の唐揚げに慣れていた口に、このソフトなコロモは新鮮。さっき店頭に並んでた子供の姿が目に浮かぶ。あの子も間違いなく大好きな味だ。やわらかいし、あまり脂っこくないので、お年寄りにもきっと喜ばれるだろう。

でもこのとり天でビールを飲めるのが、大人の酒飲みの特権的幸福だ。

そこでやっとうどんだ。うん、コシも汁も店で食べるままだ。

青ネギ・ショウガもいい。今度は「ネギ多めで」と注文しよう。

次にちくわ天をガブリ。おおお！　青のりの香りが、弾力ある歯ごたえに呼応して、悶絶するほどおいしいじゃないの！

また思う、ちくわの磯辺揚げって、考えた人、天才。あのちくわが、青海苔つけて天ぷらに揚げただけで、別物と言っていい一品料理に昇格。ここのはその最上級機種だ。ギターに例えるならちくわ界のマーチンD－45。は、言い過ぎか。

しかも、このとり天とちくわ天の、ケチらない量がスバラシイ。ここにうま

立って食べるのもいいが、それを座ってビールと食べるのもまた楽し。

いうどんと汁で六〇〇円は、激安。この店、今や吉祥寺の良心。

今度、家で飲む時、このとり天とちくわ天だけ買って帰りたい。ごぼう天も。

しかも仕事場の机に向かって、立ち食いうどん。

今まで、よもや考えもつかなかった。だが、こういう弁当も大ありだ。

昼に井の頭公園に持っていって食べてもいいかも。いや絶対いい。今度やろう。

そうだ、あたたかくなったら季節限定の「冷たい青とう豚しゃぶうどん」もテイクアウトしてみたい。青とうがらしが効いてるこの店の傑作。今年の夏の夕方それを食べに行ったら、売り切れで、ものすごくショックで、何も食わず帰った。それっきりだ。

あれを仕事机で食べるって、どんな感じだろう？　今は想像もつかない。

その頃はクーラー効かせてるのかね。扇風機かな。

というか、コロナがも少し収まってるといいのだが……。


とり天ちくわかけうどん（テイクアウト）●伊吹いりこで出汁をとった本格讃岐うどんを提供するいぶきうどんの人気商品。店舗は2023年7月に6周年を迎える。700円（2023年6月現在）。

一番好きなおにぎりで、酒を飲む

久しぶりのお店のカウンターで八海山

おにぎり。これは日本人にとって、弁当の最も単純化された形態だ。少量の具材を炊いた米で握り込んで、海苔で包めば完成。実にシンプル。容器もいらない。昔の侍は竹の葉に包んでフトコロに入れた。

小学校の遠足の弁当は、必ずおにぎりだった。小さいのが三個。中身はいつも梅干しと、シャケと、おかかだった。それを母に希望した。

そこにおかずとして鶏の唐揚げも、よく付いていた。玉子焼きもあったかな。でもそんなもん。メインはあくまでおにぎり。

それを汗をかいて登ってきた山頂（ボクら西東京の子供たちは、たいてい高尾山）の青空の下で食べるのだから、おいしくないはずがない。

今でも小腹が減った時、駅前のおにぎり専門店でおにぎりを一個だけ買って、仕事場で食べたりする。

そのおにぎりでベント酒しよう、今回は。と、思いついた。

思いついたのだが。

すみません、今回だけは、今回一度だけですから、お店に入らせてください。

店の中で食べさせてください。それじゃあベント酒じゃないだろう、って？

そうです。違います。飲み屋で肴におにぎり食べるだけです。

わかってます。ごめんなさい。

緊急事態宣言が緩和されたために、半年以上休業していた店が、開いたんです。パチパチパチ。

そこのおにぎりが、ものすごくうまいんです。「今回はおにぎり」と思った瞬間、頭に思い浮かんだのがそこのおにぎり。そしたらもうダメ。他のおにぎりが、全部霞んでしまって、食べる気にならない。

気がついたらその店のカウンター席にいました。って、夢遊病者か。

いやー、久しぶりに飲んだぜ生ビール！　そこのマスターの注いだ生ビールがまた、ウマイのよ。

ハー、家飲みの缶ビールとは、全然別物ですな、ベツモノ。

カウンターの向こうのご夫婦が忙しく働く姿を見ながら、グイッとやる生ビールの、抜けるようなおいしさよ。ありがたさよ。

今日のお通しは、いかめし二切れ。最高すぎます。もうこれだけで生ビール二杯。大きめのコップがもう懐かしい。

でも俺は忘れない。今日は仕事である。気分はお店でやるベント酒である。おにぎりは弁当である。

シャケのおにぎりをひとつ頼みます。ここからは、ベント酒ですからね。お酒をいただきます。八海山、冷やで一杯。小皿を敷いた小さい切子のグラスに、溢れるまで。タマリマセン。

ちびりと飲む。あー、タマリマセン。

やがて店のお母さんの握った大きめのおにぎりがドンと出てくる。

海苔のテリが神々しいばかりだ。ちょっとのぞいた白いごはんに、ちょいっと色がついてる

その店のおにぎり
(箸置きは持参)。

でしょ？　これ、海苔の裏にちょっと醤油が塗ってあるんですね。クワーッ、必殺技！　それですよそれ！　待ちこがれておりました。

両手で持って、角からかぶりつく。あー、これだ！　海苔の香り。ごはんの香り。微かな醤油の香り。それが口の中で混ざり合って鼻から抜ける。おいしすぎる。口の中が狂喜乱舞。

この時点でまだシャケは出てこない。出てこないのがまたいい。もったいぶってていい。じらしたっていい。久しぶりなんだもの。

ここで、八海山をちびり。ああ、もうここで死んでもいい。いやよくない。死ぬのは食べきってから。飲みきってから。お勘定払ってから。

この最高の時間、空間が、いつまでも閉ざされませんように。祈る気持ちで、俺は焼き鮭の入った部分に食らいつく。

そこへ、できたての熱い味噌汁が現れる。

※残念ながらこの居酒屋は二〇二二年十二月に閉店しました。でも御主人夫婦との親交は続いています。

国産ラム酒に合わせる弁当は……

意表をついたおろしポン酢牛丼弁当とルリカケス

たまにはお酒の話からしよう。

今回の酒は、国産ラム酒。奄美諸島の徳之島の「ルリカケス」だ。徳之島に祖父が住むという友人に、この夏、おいしい黒糖焼酎をいただき、その独特の香り・甘み・コクを、目の覚める思いで味わった。

それで何種類かの黒糖焼酎を飲んだあと、ある酒屋でこの酒に出会った。まず、ラベルが美しい。ほぼジャケ買い。ルリカケスは奄美大島に生息する鳥で、国の天然記念物に指定されている。

ルリカケスという名を、小学生の時、当時集めていた切手で知った。今調べたら一九六三年発行だ。たしか持っていた。絵を覚えている。懐かしい。小学校三年生くらいの頃か。でもその鳥が奄美の鳥とは今まで知らなかった。

このルリカケスのイラストと、金文字の「RURIKAKESU RUM 40」というロゴ、そして細い緑のストライプが、日本人離れしていて、でもアジアンテイストもあり、なんともおいしそうじゃないか。

黒糖焼酎は、サトウキビと米を使っているので焼酎に分類されるが、ルリカケスはサトウキビのみを使っているので、ラム酒だ。だけど、いい黒糖焼酎とラムは、やはり似てくるように思う。同じ島で作ってるんだものな。

このルリカケス、ひと口飲んで、驚いた。すばらしい香り。そして口にパーッと広がる上品な甘み。こーれはおいしい！　四〇度というアルコールを感じない。飲みすぎ要注意だ。

あとで知ったが、自家製パン屋さんで、ラムレーズンを作る時、ルリカケスを使っているところが多いそうだ。できた時の味が、海外のラムよりずっといいらしい。わかるような気がする。

それほどの強い香りと甘みだけど、糖分はゼロ。ついでに黒糖焼酎も、ゼロだ。だけど「黒糖」と付くので、糖分があるんじゃないかと誤解されやすい。今や「糖質」はデブの元凶、糖尿病の天敵として忌み嫌われてますからね。

ルリカケスはロックが圧倒的においしいとボクは思うけど、そのままでもいいし、炭酸で割ってもウマイ。でも現地ではお湯割りで飲む人も多いそうだ。寒くなってきたから、今度やってみるか。

　さて、合わせる弁当は……意表をついて「松屋」の「おろしポン酢牛丼」のお持ち帰りもんはどうじゃ。

　紅ショウガはいつも二袋もらってくる。店内で食べる時は、お持ち帰り袋換算で六袋分ぐらいは食ってるな一度に。でも持ち帰る時は、そんなにたくさん持って帰るのは、大の大人のすることではない。せめて、二（たまに三）。

　牛丼のおろしポン酢味に目覚めたのは、このコロナ期だ。

『大根はエライ（たくさんのふしぎ傑作集）』久住昌之 文・絵（福音館書店）

まず、おろしとポン酢とネギだけ、口に入れる。「うん、うまい」と確認。次におろしとポン酢とネギとごはんを頬張る。これがまた「うーん」と唸るくらいウマイ。

ここに牛丼チェーン特有のボロクズがみっともなく繋がったような肉（ひどい言い方だが、俺的には最上級の褒め言葉のつもり）が加わってくるんだから、まずいわけがない。大根おろしがキメ手。大根はエライ。

後味さっぱりだし、ラスト頃のポン酢つゆだく感も、実にズルズルグチャグチャとして不真面目っぽくてよろしい。

ルリカケスをちびちびやりながら、このポロクズズルグチャ、ベニショ多め、ジャンキーでたまらんです。

名物三昧を目で味わう佐賀の夜

佐賀豪華弁当を佐賀の地酒で

佐賀県産日本酒PRイベントにパネリストとして参加するために、佐賀に行ってきた。ホテルの催し物場で開催され、一〇〇人ぐらいが参加する上、その模様はYouTubeで生配信された。

国税局主催のイベントだ。ちょいと堅苦しい。でもまあ、ボクは佐賀によく来る漫画家ミュージシャンという立場なので、気が楽だ。

そこで、控室に弁当が用意されていた。

いかにも高そうだ。いやきっと高い。国税局だもんな。

だがボクは、出演者に弁当が出ることを知っていながら、お昼に佐賀に着いた途端、佐賀駅近くでラーメンを食べてしまった。

佐賀ラーメンは、博多ラーメンと見た目似ている豚骨ラーメンだが、もっとスープがあっさりしていて（でもコクはある）、麺がやわらかい。生卵を落とすとこれが不思議にスープにも麺にも合って、なんともおいしいのです。でも東京ではまず食べることができない。だから久しぶりの佐賀てんで、高級弁当より、佐賀ラーメンに走っちゃった。

だから会場では弁当には手をつけず、持って帰って、夜、ホテルの部屋でベント酒することにした。酒も、イベントのお土産だ。もちろん佐賀酒で「前《さき》」の純米吟醸四合瓶。チェックインして、すぐ部屋の冷蔵庫に入れた（こういうことだけは迅速でマメ。頼まれ事には腰が重いくせに）。

宿は武雄温泉。だからまずは温泉にゆっくり入る。佐賀は温泉がどこも泉質がよくて、気持ちいい。よく行くのは嬉野温泉だが、武雄温泉も泉質がすばらしい。古湯温泉もいいし、山の中にある平谷温泉というのもよかったなァ。って、これは温泉の本ではない。失礼しました。

部屋に戻り、黒い包み紙に黒い紙箱の弁当を開く。二段になっていた。

「おお！」

思わず声が出る。写真見てくださいよ。佐賀名物のレンコンや牛肉、焼き魚、野菜のかき揚げ、おでんの巾着……。これは高いゾ。

冷蔵庫から酒を出して、部屋に置いてあるコップに注ぐ。とたんにふわーっといい香りが立ちのぼった。高い酒に違いない。ちびりと飲む。うん。これは、かなりウマイ。

でも俺は「豊潤」とか「コメの香りと甘味がふくよかに口に広がり」とかいうフレーズは言いたくない。今や全国どこの日本酒も、酒蔵の努力研鑽で、そんなフレーズがたいがい当てはまる。というか、今日のイベントでそういうの聞きすぎて食傷ぎみなんです。

実に丁寧に繊細に作られているに違いない、香り立つ上等な酒だ。それははっきりわかる。この佐賀酒を

佐賀名物をこれでもかと詰め込んだ二段弁当。

佐賀で、佐賀の食べ物と飲むと、非の打ち所なし。地酒とはそういうものだ。

では佐賀弁当をいただこう。

最初に食べたのは、おいなりさん。って、またそこからかい。俺って安くできてるな。でも好きなんだから仕方ない。それで酒をまたひと口。うーん、最高だ。バッチリじゃん。ははは、今日は愉快だ。いや、昼間はおカタイ会でした。もう寝間着に着換えてリラックスして飲みましょうや。

次に肉。佐賀牛だろうか。たぶんそうだろうが、飛騨牛でも松阪牛でも、俺なんぞにその味の違い、わかりゃあしない。でもたしかにおいしい。六五〇円とかの駅弁の肉とは完全に違う。この肉に、またこの日本酒が不思議に合う。いや合うに決まってる。ウマイもんにウマイ酒だ。こりゃ失礼しました、ははははは、ってなもんだ。もう酔ったか?

レンコンを食べる。レンコン農家、取材しました。若奥さん、美人でした。あの農家さんが作ったのかな、と思うとおいしさひとしお。ぐびっ。あーっ。

あとは、弁当眺めて飲むだけ。ちびちび食いながら、ぐびぐび飲みました。酒がどんどん進み、そのうち酔っ払って、結局、弁当はかなり残して寝た。何やってんだ俺は。

二〇二一～二〇二二年

冬

（十二・一・二月）

この時期の出来事

十二月　〔**新型コロナ関連**〕変異株「オミクロン株」の感染拡大。外国人の入国が原則停止に。三回目のワクチン追加接種が国内各地で始まる。〔**そのほか**〕大阪市北区の鉄骨鉄筋コンクリート八階建てのビルで火災が発生、二十一日までに計二十五人が死亡。

一月　〔**新型コロナ関連**〕政府は感染が急拡大する沖縄、山口、広島にまん延防止等重点措置を適用。その後二十一日に十三都県、二十七日に十八道府県と、計三四都道府県に重点措置を適用した。〔**そのほか**〕慶應義塾大学が世界初のｉＰＳ細胞移植による脊髄治療実施を発表。／十日、野球漫画『ドカベン』『あぶさん』などを手がけた漫画家の水島新司さんが死去。享年八十二。／大学入学共通テストで問題流出。

二月　〔**新型コロナ関連**〕オミクロン株が年明けから流行し、感染拡大の第六波がピークに。五日、国内の一日の感染者数が初の十万人超え。〔**そのほか**〕四日開幕の第二十四回冬季五輪北京大会で日本選手団が冬季大会最多の計十八個のメダル獲得。／将棋の藤井聡太竜王が王将戦七番勝負で四連勝、十九歳六カ月で史上初の十代での五冠達成。／ロシアがウクライナに軍事侵攻。

「おべんとう冬」、崎陽軒はどう来たか？

崎陽軒の季節限定弁当と有機農法ビール

「迷ったらシウマイ弁当」というくらい、ボクは「崎陽軒」のシウマイ弁当に信頼をおいている。

あれほど流行を追わず、見栄を張らず、自然体でお客様のためを思った、オリジナリティある駅弁が、あるだろうか。オーソドックスで、遊び心も感じるが、けしてハシャイでない（ホメすぎ注意報発令）。

今回はそんな崎陽軒の季節限定もの「おべんとう冬」を買ってきて、「有機農法　ＦｕｊｉＢｅｅｒ」と合わせることにした。

この弁当を買うのは初めて。中身もサンプルをろくに見ないで買った。

品名は「冬」としか書いていなくて、パッケージには椿の花のイラストがあるだけ。中身のヒントが何もない。

冬一文字で、崎陽軒はいったいどういう弁当を表現してくるか？

それは崎陽軒の自信とも取れるし、我々への挑戦とも、謎かけとも取れる。

そこがファンにはたまらない。

さて、仕事場に持って行って開けてみる。どれどれ……。

おー、そう来たか。これはホタテごはんだ。本来梅干しがあるポジションに、小さな小さなホタテがひと粒配されているのが心憎い。その周りを錦糸玉子が取り巻きのように囲む。

トレードマークのシウマイは二個。「ボクらはここでは脇役だよ」と言わんばかりにちょこんと控えめに並んでいるのがいじらしい。

バランを挟んで、小さな玉子焼き。錦糸玉子と、卵がダブっているのがちょいとご愛嬌だ。

敷居を隔ててガンモドキ。シブい！　その隣に大根と人参の煮物。こういった色味が地味などんくさいと思われがちなおかずを、けっして忘れないのが崎陽軒の崎陽軒たるところ。しかもそれを弁当箱のセンター上部に配する思いやり。生徒の全員に目がしっかり行き届いている先生がいる教室だ。

そこの下に、隠れるように入っているのが、たぶんこの弁当の目玉、メインディッシュ、赤魚の照り焼きだ。でもこのメインの御馳走を「どうだ」感ゼロで配置しているところが奥ゆかしい。

そう、この「奥ゆかしさ」が、他の凡百の駅弁には無いんだ。どうしても見た目をよくしよう、豪華っぽくしよう、華やかにしようという下心、自分を自分以上に見せようというあざとさが見え隠れしちゃう。それが一切感じられない崎陽軒弁当の姿、大人は見習わなきゃいけませんね。

上部右端は、おーっと、これはデザートコーナーだ。なんじゃこの白いのは？　ここで初めて包装紙に記された原材料を見る。

だ、大福ぅ？　なんじゃこの小ささは。こんな小さな大福、ここでしかお目にかかれんぞ。笑える。作って入れた人の笑顔が見えるようだ。

教室の顔ぶれ（おかずの構成）は年により絶妙に入れ替わることもある。

そして定番の筍煮と、レンコン。歯ごたえ係ともいえる。

さらに右隅のこれはなんだ？　なになに……「小松菜とこおりこんにゃくと油揚げと風味蒲鉾の和え物」だと！　しちめんどくせえ一品！　ギャグか。漫才のネタか。なんや、こおりこんにゃくて。初めて聞いたわ。どこが凍っとるんじゃ！　どれや。溶けて消えとるんとちゃうか？　この細い白いんか？　これ普通のこんにゃくやん！

ちょっと待てや、見てインチキ関西弁で書いてるだけで紙面が尽きたやんか！　はよ食わせんかほんまにもう。腹減らすやっちゃなあ。

というくらい楽しい弁当、さすが崎陽軒、死角なし。最初から最後までビールとともにおいしくいただき、極小大福でシメました。毎度ごちそうさま！

おべんとう冬●「崎陽軒」が発売している期間限定弁当「冬のほっこり美食シリーズ」のひとつ。12～1月の約2カ月間、神奈川・東京を中心とした崎陽軒の店舗で購入できる。

ワインが進む進む「逃げ場がない」弁当

仕事場でイベリコ豚重とホットワイン

仕事場の空気が乾燥してるなあ、と思いながら仕事してたら、なんか夜になって寒気がしてきた。

こんな時、風邪なんかひけない。というか、前だったら「風邪かな」なんだけど、すぐ「オミクロンか？」と怯えてしまう。そんなご時世だ。

こういう時は、仕事を早く切り上げて、帰ってあったかいものを飲んで、布団にもぐり込んで寝ちまうに限る。

というわけで、仕事場に帰る途中で安い赤ワインを買った。こいつでホットワインでもやろうというわけだ。

アテには、この連載用に弁当を買おう。

うまいこと三〇%引きになっていた「イベリコ豚重」を買う。八八〇円。

家に帰って、ワインにローレルとシナモンと八角を入れる。クローブとか生のレモンとかあったらよかったけど、そんな細かい味の違い、たぶん俺なんぞにゃわからん。

手鍋に赤ワイン注いで、それらをぶちこんであっためて、ハイできあがり。ホントかね。まあいいや。シナモンスティックでかき回したら、うん、そんな味がする。ウマイウマイ（二度言うな。ゾンザイな感じするぞ）。

ホットワインは、外で飲むといいんだよね。なんか屋台みたいなとこで作ってるヤツを、ポリコップかなんかに注いでもらって、かじかんだ両手で持って歩きながら飲むと、あったまるし、うまい。パリじゃ、ホットワインのことナントカっていうんだよね。忘れたけど。コロナでパリどころじゃないわ。

で、イベリコ豚重だ。まず箸でひとヘラ肉を取って、口に運んでみる。

……甘いな。

てか、味が、ちと濃いな。

ひと口目で、だよ。

うーん。どうだろ。ホットワインをひと口やる。ホットだから、甘みが中和されて弱まることはない。

米で追いかける。うん。米はおかずの濃さを受け止めてくれる。うむうむ。しかし、……だな。ほうれん草の胡麻和えをちょっと食べる。ん、おいしいけど、これもちょっと甘いなぁ。どうしたんだろうこの弁当は。

ホットワインをぐっと飲む。これはいい。たしかにあったまる。なんだか背筋がゾクゾクするような、こんな時最高だ。

イベリコ豚とごはんを、一緒にごそっとやって口に入れる。

うーん。やっぱり甘い濃い。なんだろう、こんなに味を付けてしまったら、イベリコ豚でもジャガリコ豚（そんなのないけど）でも、みんな同じになっちゃうじゃないか？

一本のったシシトウをちょいとかじる。これは味付けがない。救われる。パリッとしててすごくいい。「すごくいい」という勢いでホットワインをクッと飲む。うまい。

ちょっとなま酢的な付け合わせ野菜を食べる。レンコン、歯ごたえがいい。歯ごたえはいいが、これまた味付けが濃い。

逃げ場がないぞこの弁当。味に窓がない感じ。風を入れたい。この甘い濃い空気を換気したい。

と言いながらも、ホットワインが進む。酒があると、酒飲みは大抵のおかずを、許す。酒さえあれば「しょうがないなあ」と苦笑いしながら、おいしくない肴も、楽しくアテにしてしまう。

そういう意味で、この弁当を酒のアテにしてよかった。お茶かなんかで食べたら「一食失敗したぁ」と落ち込んでいたかもしれない。

そこは、酒飲みの、酒さえあれば寛大で物分かりがよくなる、いいところだと思う（自分で言ってる馬鹿つーか、この連載で前にも同じこと書いた。コロナでボケが進んだかもしれない）。

左上がホットワイン用
スパイス。

柿の葉寿司を心置きなく、むき散らす!

柿の葉寿司五種と冷えた久保田の千寿を広いテーブルで

近所で柿の葉寿司を買ってきた。

これはかなり前に、新幹線のホームかなにかで、一度だけ買ったことがある。その時は、車内で食べ始めてから、ちょっと後悔した。

読んで字の如く、握り寿司が一個一個柿の葉に包まれた、柿の葉寿司。本体を包む柿の葉っぱは、もちろん食べ物ではない。食べるためには、まずその柿の葉を開かねばならない。

すると、この剝いて開いた柿の一枚葉が、意外に厚くて大きくて、存在感がある。一個目はまだいいが、二個、三個と食べ進むうちに、狭い新幹線の座席テーブルが、使用済み柿の葉でみるみる埋まっていく。重ねても柿の葉は厚くて波打っていて、きれいに重ならない。落ちそうだし、邪魔。

しかもその時、新幹線の三人がけの席の真ん中だったのである。両サイドは知らない人だ。なんでこんな席なのに柿の葉寿司なんてメンドクセーもん買ったんだ俺！　と後悔した時は遅い。しかも缶ビールまで開けちゃっている。開いた柿の葉を、箱の下に敷いてみたが、葉が厚くて凸凹になって、手を離すとテーブルから箱が落ちそうだ。仕方なく、食べてない寿司の下に、敷いていくように重ねていったが、なんとも見た目悪い。いっそ葉っぱをちぎるか。細かくしてビニール袋に入れていくか。

なんて、ひと箱の寿司にジタバタもがいてるうち、両側の人の目が気になってくる。この人何ガサガサゴソゴソやってんの落ちつきが無い。ヘンタイ？

もはや、食べてるんだか、葉っぱを片付けてるんだかわからなくなって、寿司もビールも、ちっとも落ち着いて味わえない。うまくもなんともない。

一体全体、誰がこんな山盛りゴミ作り弁当考えやがったんだ。

なんて自分で買っておきながら、怒りながら食べ終えたのだった。

思えば、それから約二十年が経つ。食べ物の恨み二十年。

今日、駅ビルのお弁当ショップでこれに再会したのだ。昔、俺が買った柿の葉寿司より、高級っぽい。包装紙に寿司ダネも明記されている。焼きさば・焼きさば・のどぐろ・のどぐろ・かに、の五個。

二十年前のセットにのどぐろなんて洒落たもん入っていなかった気がする。よし、俺に「ゴミ作り」呼ばわりされた柿の葉寿司に、名誉挽回のチャンスを与えよう（って、勝手にジタバタして貶めたのは俺だろう）。

というわけで、家で食べるのだからって、新幹線では売ってない久保田・千寿を買った。売ってる状態で冷えてる三〇〇㎖瓶。軽い贅沢。

帰ってさっそく自宅の広いテーブル（いや、そんな広くもないが）の上で柿の葉寿司の箱を開け、瓶から酒を湯飲み茶碗に注ぐ。

厳かに柿の葉っぱを開く。やっぱり握り寿司一個に対して、葉っぱは大きい。でも今は新幹線の中ではない。広いテーブルの上で、開いた葉っぱは、立派な寿司の皿だ。内側になった柿の葉の表は、緑色が濃く、艶があり、形も丸く、実に見栄えがいい。

思わず、卓の広さにかまけて、最初に全部開いて並べてやろうか、とも思った。だが、それもちょっと、嫌味というか、下品な気もした。ここはひとつ開いては食べる、その厳かな過程を楽しもうじゃないか。

「とりあえずビール」も無しに、いきなり湯のみ茶碗からグビリと飲む、冷えた久保田の千寿が、ウマイ！

一個目、焼き鯖の寿司。脂がのって、うまい。柿の葉の香りはほとんどしない。それが笹寿司なんかと違う。でもおいしいからいい。

二個目も焼き鯖。

端から几帳面に食べ進む。

三個目にのどぐろ。高級魚だ。たしかにうまい。が、焼き鯖もうまかった。甲乙つけがたい。そして、酒がますますうまい。

柿の葉寿司、上品だ。柿の葉の色に「日本の山里」を感じた。

うまく食えず、その挙句逆恨みした己が恥ずかしい。最後はカニ。カニの握り、寿司屋ではまず食べない。御馳走。食べた柿の葉っぱ、テーブルの上に散らかし放題。いいのいいの、誰も見てない。まことにおいしゅうございました。

ここに、柿の葉寿司、汚名を雪《そそ》ぐ。

寿司1個に対し、
開いた葉、大きい。

ウマイ赤飯で、ウマイ酒を飲む目出度さ

大人になってわかる甘みを、冷えた純米酒と

赤飯て、普段あまり食べないけど、思いがけない時に、いただいたりして食べると、すごくおいしい。

まず小豆がおいしいし、黒胡麻のごま塩もすごく効いてる。もち米のちょっとかたい感じの歯ごたえも、噛んでるうちに、口の中でだんだん甘みが増しておいしくなっていくのがわかって、顔がほころぶ。

子供の頃は、赤飯のおいしさ、あんまりわからなかったな。結婚式のお土産に大人が持ってきても、別に嬉しいものではなかった。あんまり味のしない、冷たいごはんって感じだった。豆も邪魔なだけだった。子供の俺には、意味がわかんない食い物だった。大人の祝い事の決まり事のような、形ばかりのマズイごはんだと思っていた。同様に黒豆も、ダテ巻も、カマボコもツマラナイ食

いもんだった。

いろんな意味で、赤飯は、大人の食べ物だ。大人になると、自然においしさがわかってくる。

となると酒と合わせたって、いいじゃないか。やったことないけど。

ずいぶん前に、初めて入った居酒屋で、帰りにお勘定したら、店の女将が、レジ袋に入った包みをくれた。

「初めて来てくださったお客さんが、いいお客さんだった時は、赤飯を炊いてお土産にしてるんですよ」

と言う。土地勘の全くない埼玉の籠原の駅前の居酒屋だ。ボクはひとりだった。少し会話もしたけど、女将はボクが『孤独のグルメ』の人であることとか絶対わかってなかった。

そんな時の赤飯というのが意外だった。

それで、帰りは空いてる電車だったから、袋から出して、パックを開けて、付いてた割り箸で、赤飯を食べた。店では締めに何か食べたわけでもなかったので、小腹が空いていたのだ。

そしたら、この赤飯が、あたたかくて、ウマイ！　できたての赤飯というものを、その時初めて落ちついて味わって食べたような気がする。

香りもいいし、もちもちして、なんともたまらなく滋味深くおいしい。ちょっと驚いた。車内だし味見くらいのつもりだったが、全部食べてしまった。

そうか、赤飯て、お祝いだから作る形だけのものじゃなくて、ちゃんとおいしかったんだ。赤飯に開眼した晩だった。

話変わって、三鷹に「すえき」という和菓子の名店がある。丁寧に手作りされたたい焼きと団子がおいしくて有名だが、ここに赤飯があったのを思い出して、買いに行った。

素材に徹底的にこだわる店主で、見たらもち米は、新潟県南魚沼郡塩沢の「こがねもち」。店主は毎年ここに田植えの手伝いに行っているほど、ここの米に惚れ込んでいる。

小豆は岡山県の「だるまささげ」。聞いたことないけど、土地の逸品に違いない。胡麻も塩もこだわりがあるのは知っている。極上赤飯、間違いなし。一パック、購入。

これに宮城県の銘酒・浦霞の純米を合わせた。二十代の頃、この浦霞の「禅」という酒で、生まれて初めて、日本酒のおいしさに飲みすぎて大二日酔いになった。それまでは安い酒をただ飲みすぎて、吐いたり二日酔いになっていた。禅は、ひたすら日本酒の未体験のおいしさに驚き、飲みすぎた。

この選りすぐりのふたつが、大人の俺にとって合わないわけないのだった。いや、おいしかったのなんの。赤飯の甘みが、冷えた純米酒にバッチリだ。米の酒を、米をつまみに飲む。やりそうでなかなかやらない。

なんでもない日が、ど偉く目出度い日になった。こんなベント酒も、たまにはよい。

金メダル級ビリヤニセットに大感動!

エリックサウスのビリヤニセットとマルエフの黒ビール

地方ロケの集合場所が、東京八重洲口に朝八時。ボクにとっては早い。しかも前日は別の取材で、夜東京戻り。

なので、自宅に戻らず、旅支度のまま、八重洲口のビジネスホテルに泊まることにした。そのほうがゆっくり寝られる。今ならGoToキャンペーンで宿泊料も安い。

ホテルに荷物を置き、八重洲地下街に夕飯を買いに行った。食べてこようかとも思ったが、マンボーでどこも早じまいなのだ。

急に思い出したのが、一度対談したことがある、稲田俊輔さんのやっている、南インドカレーの店「エリックサウス」。

行ってみたら、店内はお客さんが多めだったが、別窓口でテイクアウトをやっている。よしキマリだベント酒。

チキンビリヤニセットが一一〇〇円。これは手頃じゃないか。ビリヤニは、インドの炊き込みごはんのような、チャーハンのような、でもどちらとも違うパラパラごはんの料理。大好きだ。ここにカレーとヨーグルトの小さい器が付いたセットだ。いいじゃないか。

注文してから作ってくれ、熱いものを渡された。これを持って、近くのコンビニに行き、ビールを買う。なんと翌日発売予定のアサヒマルエフの黒生ビールの缶を前倒しで売っていた。ラッキー。もちろん買う。

カレーが熱いうちに、ビールが冷たいうちに、と急ぎ足で宿に帰る。

包みを開けると、もうインドのスパイスの香りが立ちのぼる。

チキンビリヤニの弁当と、ちょっとシャバッとしたチキンカレー。ヨーグルトは「ライタ」という、刻み野菜の入った塩ヨーグルトだ。これはカレーに混ぜてもおいしいはず。

弁当の蓋を取る。うわ、これはウマソー！　薄くカレー色をしたビリヤニに、刻んだハーブや数種のナッツ、そしてレーズンと、紫玉ねぎのスライスが少しにぎやかだ。

プラスチックのスプーンで、ビリヤニをひと口食べる。

……ウーマイ！　これは超本格的なビリヤニだ。驚いたことに、ビリヤニの中に鶏の手羽元が二本埋まっているじゃないのさ！

　辛さもひと口目でガツンとくるタイプではない。ふた口目、三口目、どんどんおいしくなる。ハーブが爽やか。ナッツがまろやか、歯ごたえもやさしく、ひと匙《さじ》ひと匙、味が変わっていく。

　忘れていた。カレーをひと口。うーん、こちらもよろしいよろしい。好きなタイプのチキンカレー。辛さ上品。ビリヤニにかけても、これまたいい、いい、うんまい。

まだ半分も食べてないのに、すでにめちゃくちゃ満足。もうまた食べたい。って、ライタまだ食ってねえだろ俺、ちゃんとみんな食ってから言え！　はーい（何ひとりでボケ突っ込みしとんのや）。

おー、こいつがまたウマイじゃないの、稲田さん。細かい野菜が口の中でシャリシャリ。サラサラで、軽い酸味。さっそくビリヤニに少しかける。ああもうメッチャヤクチャヤにウマイ！　ヤッホー！　って叫びそうだ。

カレーをかけて、そこにライタも少しかけても、すばらしく混じり合う。

黒ビールをコップにあけて飲む。あ、これ、味がしっかり黒ビールなのに、軽い。ビリヤニにも合うじゃないのさ。

もう勝利のガッツポーズ。金メダルが見えました！　久住、手羽元を素手でほじくり出してムサボリ食っています！　あ、ビールを飲む目に、光るものがあるか？

これで一一〇〇円は鬼安い！（若者言葉を真似するなジジイ）。

何度でも言うぞ。このビリヤニセット、すべてのカレー好きに大プッシュしたい！　大感動大満足必至です。

チキンビリヤニセット●南インド料理専門店エリックサウスの人気ビリヤニセット。1210円（2023年6月現在）。お店の味をそのまま楽しめる商品展開の公式オンラインショップもあり。

二〇二二年

春

（三・四・五月）

この時期の出来事

三月　［**新型コロナ関連**］まん延防止等重点措置が約二カ月半ぶりに全面解除。［**そのほか**］十六日、福島県沖を震源とする最大震度六強の地震で東北新幹線の列車が脱線。／濱口竜介監督作品『ドライブ・マイ・カー』が米アカデミー賞で国際長編映画賞受賞。

四月　［**新型コロナ関連**］十一日、オミクロン株の変異ウイルス「XE」が国内検疫で初確認。日本では「BA.2」系統の疑いが七割近くに。新規感染の約半数が十～二十代で政府は若者向け対応策を検討。［**そのほか**］改正民法が一日から施行、成人年齢が十八歳に。／一日以降、観光需要の喚起策「県民割」の対象地域が拡大。／七日、漫画家コンビ、藤子不二雄として多くの人気作品を手がけた藤子不二雄Ⓐさんが死去。享年八十八。／十日、プロ野球・千葉ロッテマリーンズの佐々木朗希選手が完全試合。／山口・阿武町が国の臨時特別給付金四千六百三十万円を一町民に誤給付。／二十三日、北海道・知床で観光船が沈没。

五月　［**新型コロナ関連**］国内感染者死者数が累計三万人超え。三年ぶり制限なしの大型連休で人の移動は感染拡大前の八割近くに。十二日、オミクロン株の新系統「BA.4」「BA.5」国内の検疫で初確認。［**そのほか**］十五日、沖縄本土復帰五十年。／バイデン米大統領が来日。

下仁田葱入り玉子サンドの懐かしさ

上越新幹線車内でたどる甘い卵焼きの記憶

仕事で群馬県の下仁田に行った。高崎から上信鉄道で約一時間。ここに行くのは三度目だ。

下仁田といえば下仁田葱だ。駅前の飲食店には「下仁田葱入りナポリタン」（ケチャップソースに、不思議と葱がハマっていて違和感ゼロ。うまい）とか下仁田葱入りドリンク「シモニタンD」（味はともかく名前がフザケてて面白い）なんてのもある。もちろん下仁田葱を存分に味わえる豚のすき焼きもおいしい。

一連の取材を終え、帰りに下仁田駅前の「れすとらん・ヒロ」で、手作りの「下仁田葱入り玉子サンド」をテイクアウトした。

このレストラン、前にも来たが、パンをトーストしてあるカツサンドがめちやくちゃうまい。肉の厚みも揚げ加減も文句なし。今回も食べてあらためてそれを確認した。だから玉子サンドも期待していた。

　帰りの上越新幹線で、ビールとともに食べる算段で、高崎駅で「ＴＨＥ軽井沢ビール」を買った。地方の仕事が順調に終わると、帰りの列車の酒は格別だ。

　ズビビッと冷たいとこ飲んで、玉子サンドの箱を開けると、パンよりも厚みのあるふっくら黄色い卵焼きに、緑の葱のみじん切りが入っている。

　さっそくパクリと食べて、お。意外。甘い。かなり甘みのある卵焼き。あ、そして追っかけて口の中に葱の香りと味が現れた。おいしい。そして、懐かしい。

　こういう葱入りの甘い卵焼き、昔食べた。実家ではないどこかで。友達か親戚の家かなあ。忘れた。

今、蕎麦屋や居酒屋でたまに食べる卵焼きは、甘くない。大根おろしが添えてあったりする。そこに醤油をちびりとかけて、卵焼きにのせて食べると、うまい。酒のアテになる。

この玉子サンドの卵焼きはそういうのとは別物。調理の方向性が違う。だから冷たいビールの肴にと考えていたボクには、意外だったのだ。

でも、おいしい。懐かしくおいしい。

そうだ、昔、新宿の南口に「五十鈴」という古い大きな居酒屋があった。長いコの字カウンターの中には割烹着のおばあちゃんが三、四人働いていた。おばあちゃんたちは、卵焼きを頼むと、「甘くする？　甘くないの？」と聞いてきた。もちろんボクは甘くしないで醤油をかけて食べた。甘いのはついに食べなかった。

そして葱の入った卵焼きもたしかにあった。

わかった。山梨のおじいちゃんちの味だ。たぶん、この懐かしさの元は。

祖父の家の前に葱が生えていた。いや、植えていたんだろう。

その葱は東京で食べるように、白い部分ばかりでなく、緑の葉っぱ部分も使った。というか、味噌汁の具では、ざく切りでたくさん入った緑の部分こそがおいしかった。母にうちでもああいう味噌汁を作ってと頼んだが、東京のスーパーにはそういう葱は売ってないと言われた。見た目は、そっくりな葱なのだが。

おじいちゃんちの卵焼きの味がするサンドイッチは、そう気がついたらさらにおいしくなった。だけど、ちょっと違うのは微かにマスタードが効いているところだ。辛い、とまではいかないが、大人には嬉しい味付け。酒飲みはニヤリとする隠し味。ビールがうまい。

食べていたら、さっき食べたばかりのヒロのカツサンドがもう食べたくなってきたので、その写真も付ける。ビールに最強の一品!

下仁田葱入り玉子サンド●下仁田葱に3回ほど霜が降り甘みがのる12月中旬~3月中に味わえる季節限定商品。650円(2023年3月時点)。根強い人気を誇るカツサンドは800円(2023年6月現在)。

酒飲みになって好きになった光り物

福井の焼き味噌鯖寿しと安くてウマイ〆張鶴の花

福井県は鯖が有名だ。その昔、若狭湾で獲れた鯖を、京都の朝廷に届けるための山道があり、通称「鯖街道」と呼ばれた。その道は今も残っている。

去年、福井の小浜に行った時、最高においしい鯖塩焼き定食を食べた。それもごく普通の蕎麦屋で。若狭の鯖のレベルの高さを感じる一品だった。

鯖の弁当といえば、羽田空港の空弁の大ヒット商品「若廣の焼き鯖寿司弁当」がある。最近は、都内の駅などでも販売されているところがある。もちろん若廣も福井の会社だ。

本当はこれが食べたかったが、仕事場の近くには売っていない。だが、違う鯖弁当を発見した。

「焼き味噌鯖寿し」だ。

内容物表示を見たら、やはり福井の、越前田村屋製だった。『福井名物・永平寺精進みそ使用』と書いてある。へぇ、そうなんだ。よし、買う。

箱を開けると、写真の如し。美しい。焼き鯖寿司より、もろ、サバ。

子供の頃なら絶対食べなかった。だって食べ物がメタリックなんだぜ。絶対やだ。ガムの銀紙を間違って噛んだ時の不快は一生忘れない。

しめ鯖とか小肌とか、絶対無理だった。母親が取り忘れた味噌汁の煮干しも嫌だった。怒っ

た。

それが今は大好き。酒を飲むようになったとたん、好きになった。小肌の握り、最高。小さな煮干しを炒ったイリコ、大好き。鮭、秋刀魚の皮、ウマイ。よかった、飲めて。飲めない人はどうやって光り物を克服したんだろう。

合わせた酒は、〆張鶴の「花」。神田の名酒センターで手に入れた。〆張鶴は大好きな新潟の酒だが、これは初めて見た。本醸造で、実は〆張鶴の中で一番安い酒なんだそうだ。ところが、これが、ウマイ。

だから日本酒は面白い。高ければウマイのは当たり前、ところが一番安いのにおいしいのがある。湯飲み茶碗に注いで、常温でコプリと飲んだが、実にうまい。これでいい。いや、これがいい。

さて焼き味噌鯖寿し、ひと切れ箸で取って、ひと口でいただく。

ん。味噌の香り。ちょっと、甘い。でもおいしい。うんうん、これはいい。鯖の味が大変よろしい。子供だった俺には、食べられなかったものだ。親戚の家で出されたら、がんばって食べるが、ちっともうまくないものだ。大人を恨むマズモンだ。今はうまい。ウマモンである。大人になってよかった。

そして酒を追っかける。……やっぱりおいしい。大吟醸いらない。純米じゃなくてもいい。醸造用アルコール入れてもいい。いや、入れたのがうまい。ということも十分ある。肩書きで酒を飲むな。

福井に行った時、飲み屋に「早瀬浦」という酒があった。聞いたことのない日本酒だと思ったら、福井の地酒だった。これがおいしかったのだ。この酒も本醸造のカップ酒がうまい。福井もまた米どころだ。実はかのコシヒカリも福井で生まれたという。水も、杜氏さんもいいのだろう。

と思って、焼き味噌鯖寿しの、内容物を読んだ。そしたら『米　福井県産』と書いてあるではありませんか！

やっぱりね。と思って、次を読んだら、『鯖　ノルウェー産』。

あらら。ま、そういうこともあるさ。おいしいから文句はない。酒飲みは酒があれば、それを邪魔されない限り、大抵のことには寛容なのである（それを何度も何度も言うのが大人の酒飲みのボケナスなところだ）。

焼き味噌鯖寿し●福井伝統の永平寺精進みそに漬け込んだ鯖を焼き上げ、生姜酢漬を挟み、手押しで仕上げたお寿司。1260円（2023年6月現在）。

おいしいひっぱりだこ飯の器の使いみち

八海山と味わう近所での嬉しい再会

二〇一四年、『孤独のグルメ』のseason4で、愛知県の日間賀島に行った。知多半島の先っちょから船で十分の小さな島だ。

まったく知らない島だったが、すごくよかった。周囲をぐるりと回る散歩道があり、一周徒歩で二時間ほど。その間にふたつの港があり、浜があり、高台があり、いくつかの飲食店があり、飽きさせない。島民の気質もいい。店も宿も、食べ物がおいしかった。

名物はタコとフグ。

まず、宿で最初に食べたタコしゃぶが絶品だった。ちょうどワカメがおいしい時期で、タコと一緒に入れるのだが、湯に入れた途端、鮮やかな緑に変わり、食べてみたらあまりにも旨くて驚いた。主役のタコを食ってしまった。今ではタコの味が思い出せないほどだ。ああ、書いていたら食べたくなった。寒い時季はワカメがやわらかくなり、この食感が未体験のものだった。

そのあと、フグの刺身も食べたが、これも申し訳ないが、記憶にない。というのは、さんざん飲んだ締めに食べたタコめしが、これまたすこぶるおいしかったからだ。タコがフグ刺しを食って、しゃぶしゃぶの屈辱を挽回。それほどうまいタコめしで、酔いが一瞬覚め、ボクにしては珍しくお代わりした。

「この島のタコがおいしいのは、カニを食ってるからです。人よりイイもの食って育ってるんだからマズイわけがない」

と、島の人が笑って言ったのが忘れられない。

あのタコめし、食べたいなあ、と思ってたら、なんと近所のスーパーに「ひっぱりだこ飯」が売っているではないか！　渡りに船。即買い。

これは明石名物の弁当で、明石に行った時見たことがある。買おうかと思ったけど、旅の途中だったので、瀬戸物のゴツい器にひるんだ。捨てるのは惜しいし、持ち歩くのには重い。迷った挙句、買うのを断念した。

そいつにまさか東京で出会えるとは。

ちょうど八海山の純米吟醸がある。これでベント酒だ。

蛸壺を模した器が、やっぱりイイ。蓋の包み紙のタコのイラストも味がある。仕事場で仕事終わりに開ける。お、タコ、でかし。よしよし。佐賀の有田で買った、とっておきの桜のお猪口に酒を注ぐ。春だ。ひと足早い花見気分。まずタコの足を、品名の通り引っ張りだし、ハグリとやる。やわらかい。味付け、グー。胸が高まる。

内容はどうやら季節などによっても変わるようだが、今日のには、竹の子人参菜の花などの野菜や、穴子のしぐれ煮、錦糸玉子が入っている。

問題のめし部分にたどり着くと、うん、冷たくてもうまい！

蛸壺のような形ゆえ、食べにくいといえば食べにくいが、そこが逆に楽しい。お宝をほじくり出す愉しみ。酒の肴として、ちまちまやるのには、もってこい。肴を食うに急ぐ必要はない。ちまちま食って、ちびちび飲む。ゴソッと食って、グイッと飲むのもいい。下戸の人がかわいそうなのは、ただひたすら食べるだけのところだ。酒飲みから見たら、ゆとりがない。まるで生き急いでいるようだ（それは言い過ぎだぞおい）。

タコめしをつついていると、めしの中からゴロンとしたものが出てきた。なんだと思って食べたら、練り物。

内容物表示を見たら「蛸天」と書いてあった。これがまた味が染みていて、適度な弾力もあり、イケる。こんなものを埋めておくとは、心憎い。タコダシの効いたごはんがいつまでもうまい。何かおかずをつまんで、ごはんに戻るとまたおいしい。タコすごーい。充実感たっぷりの弁当だ。で、最後までおいしく食べ終わったあとのこの器だが、仕事場の流しの端に置いた。絵を描いたあと、洗った絵の具の筆を入れておくのにちょうどよい。よい使い道があって嬉しい。花瓶とか、小さな鉢植えにもいいな。

ひっぱりだこ飯●創業明治36年の神戸のお弁当屋さん「淡路屋」の大ヒット駅弁。真だこと穴子、季節の野菜を、独自に焼き上げた蛸壺風の陶器に盛り付け。味と容器、両方楽しめることでも人気。1250円(2023年7月より)。

たいめいけん横綱相撲のチキンライス弁！

新幹線のぞみでちゃんと洋食してる駅弁とビール

大阪でトークの仕事があり、のぞみに乗って行った。東京駅で駅弁を漁る。時間があったので、いろいろ見て回ってかなり迷った挙句、目に止まったのが「たいめいけんのチキンライス弁当」。これ、知らない。

若い頃は、東京駅で新幹線に乗る時「チキン弁当」をよく買った。オレンジと白のギンガムチェックの紙箱に、コック帽を被ったニワトリのイラストがついたやつ。今でも売っている。東京駅弁のスタンダードのひとつと言っていいのではないか。これといった特徴はないんだが、冷たくなったチキンライスと、鶏の唐揚げの組み合わせが妙によくて、たまに食べたくなる。

その弁当を思い出すが、こちら、あの洋食の老舗たいめいけんの弁当。俺の知ってるのとは、ちょいと違うはず。よし買いだ。ホームで冷えた缶ビール・

マルエフも買う。

のぞみが走り出すと辛抱たまらず、弁当とビールを開けた。

小さいカップにマヨネーズみたいなものが入ってる。いや違う、タルタルソースだ！　さすが！　よし、エビフライにチョンとつけて、かじる。……ウマイ！　このエビフライ、すごくウマイ。エビが違う。衣も違う。

チキンライスを食べてみる。……おわおわ、こいつもウマイ！　なんか、油の香りが違う。ケチャップ味が上品。はち切れそうなグリンピースがなんとも頼もしく嬉しいじゃないか。

エビの下に入ってるのは、キャベツ。箸でつまんで食べたら、コールスローにしてある。キャベツ好きゆえ、ニンマリする。

鶏の唐揚げをひと口かじる。うん。こりゃいい肉。上等な唐揚げだ。駄菓子っぽいお子様味、ジャンクな唐揚げも大好きだが、これは大人としてビールのアテに最高。というか、この弁当、全体でよきオードブルと言えよう（「言えよう」だって。エッラソーに。評論家かよ）。

ん？　なんと鶏の下にポテトフライ発見。たいめいけんさん、抜け目ねえや。こいつがまた只者じゃない味だから驚く。

付け合わせのスパゲッティが、付け合わせというにはもったいない味。

おいら、弁当の端にちょこんと入ってる付け合わせの具なしケチャップスパゲティ、好きなのさ。でもこれ、ちゃんと具が入ってる。ちゃんとしたナポリタンじゃん！　たいめいのけんさん、そこまでしてくれなくともいいんだぜ、おいらごときに。ありがたさに泣けてくる。

さて、ずっと目に入っていた端っこの一品。グラタン？　食べる。

……ポテトグラタンか。うまい。こりゃ洋食屋の味だ。でもグラタンとちょっと違うような。弁当箱を持ち上げて、中身をこぼさないように紙箱の裏のシールを見る。

……なぬ？　「ベイクドポテト」？　こりゃまたエラく小洒落た料理が入っていやがること！

いやたまげた。恐れ入った。駅弁でありながら、ちゃんと、洋食。

顔が笑ってしまう。思わぬ贅沢に、ニヤけてしまう。ビールがすすむ。窓の外を見ると、まだ新横浜にもつかない。こりゃ車内販売でもうひと缶ビールか。いや、気取ってワインでも頼んだるか。

たいめいけん、ブラボー。これで一二八〇円は全然高くないと思う。

ピクルスとプチトマトをプラスチックの楊枝で刺してあるのが、画竜点睛の如し。あっぱれの完成度である。この弁当に乾杯だ。

あぁ、豊か艶やか晴れがましベント酒の、のぞみ旅なり。

修善寺駅のアジ寿司弁当に感動

アジの味が爽やかな人気弁当を地酒とともに

いや〜大ヒット。

修善寺の駅の改札のすぐ脇にある小さな店「修善寺駅弁・舞寿し」の「武士《たけし》のあじ寿司」一三〇〇円。

ちょいと値は張るが、こっれっはっ、うまい！

前に来た時に、買おうと思ったら、まだ夕方でもないのに売り切れていて、だけど空《から》の棚においしそうなオーラがビリビリするほど残っていたので（ほんとかよ）、今度はぜひ買おうとずっと思っていて、ついに買った。

取材の帰り道である。これを持って修善寺から各駅停車で三島まで行き、三島で静岡の地酒「正雪」を買ってこだまの中で、包みを開けた。

どうですか。写真見て、わかりませんか。

このアジの身の厚さ。新鮮そうな色艶《いろつや》。その、ごはんを覆い隠す量。そこにたっぷりの生わさび。そして針生姜。

　まずはレモンの汁をかけ回し、残ったレモン皮をとっとと袋に捨てる。アジが隙間なく全面に並んだ有様を見ながら食べたいから。

　味付けの具合がまだわからないから、ひと切れにちょびっと醤油をたらし、口に入れた。

……思わず目を剥いた。感動。陶然。うーん、これはすごい。駅弁のアジ寿司は過去に何度か食べたが、それらとは全然違う。生臭さなぞ微塵もない。アジの味が爽

やかにして明確。塩加減、ベスト。少量の醤油効果も絶大。

箱を千代紙で包んでいるのは伊達ではない。このくらいの梱包、この味には無駄ではない。いや、これくらいせねば。このアジに申し訳ない。

次に、生わさびをのせて、めしと一緒に頬張る。うおー、これまた絶品。めしもうまい。わさびもうまい。わさびは伊豆だもんな。醤油もあらためてうまい。

もぐもぐやりながら、弁当を見つめ「うーん」と唸った。

飲み込んで、自分を落ち着かせるように、酒をグビリ。この酒、カップではなくて瓶。一五〇mℓという、ワンカップよりちょいと少なめなのがよい。だが頭はすでに、アジ弁への次のひと箸に向いている。

今度は針生姜をのせていくか、と思ってひと切れ取ったら、下にピンクのものが。

桜の花の塩漬けだ。うわー、今日は修善寺の山桜が美しく咲いてるのを見てきたばかりだ。なんという演出。心していただきましょうぞ。

本当に、アジが弁当箱の角までぎっしり入っていて、もったいぶらず、思う存分どんどん食べ進められるシアワセ。

めしとおかずのバランスを常に気にしながら食べ進むという、俺の生来のケチな性癖、そのタガを外す。

何も考えず、食べたいように食べたいだけ食べればよい。わさびも使いたいだけ使うがいい。何かが足りなくなっても、何の残念もない。

本当においしい。酢飯と酢締めの酢加減も天才的。

半分ぐらい食べても、最初のひと口目の衝撃的おいしさが鈍っていくことはない。まだうまい。いやうまい。

とはいえ、これはやはり弁当である。弁当の、弁当たる軽快さというか、気取らなさというか、食べやすさがある。塗り箸でなく、割り箸が似合う。そのクールさ、佇まいが俺にはタマラン。ちびりそうだ。

箸を置いて、窓の外を見る。頭に雲を引っ掛けた富士山が、もう後方に去りかかっている。切ない。この至福のおいしい時間がずっと続いてほしい。

酒をクピリと飲む。ぐい呑みでもあるとよかったな。今度、旅用のプラスチック製ぐい飲み、探そう。

最後のめし粒ひとつまで、おいしくいただいた。一三〇〇円は高くない。また買うまた食う必ず。

武士のあじ寿司●伊豆の鯵、松崎の桜葉、天城のわさびと、伊豆のこだわりの幸で作られた名物弁当。1500円（2023年6月現在）。

二〇二二年

夏

（六・七・八月）

この時期の出来事

六月　［**新型コロナ関連**］国内感染者数が累計九百万人超え。十日、海外からの観光客受け入れが団体ツアーのみ解禁へ。［**そのほか**］四日、海洋冒険家堀江謙一さん（八十三歳）がヨットで世界最高齢となる単独無寄港の太平洋横断を達成。／七日、プロボクシングの井上尚弥選手がノニト・ドネア選手（フィリピン）に勝利。日本人選手で初めて世界主要三団体を統一。／十三日、円相場が東京市場で一時二十四年ぶりの一ドル＝一三五円台前半に急落。

七月　［**新型コロナ関連**］感染者累計が一千万人を突破。二十三日に一日の感染者数が初めて二十万人超え。［**そのほか**］八日、安倍晋三元首相が奈良市の近鉄大和西大寺駅前で参院選の街頭演説中に銃撃され死亡。

八月　［**そのほか**］米大リーグの大谷翔平選手がベーブ・ルース以来百四年ぶりの「二桁勝利、二桁本塁打」を達成。／十七日、東京五輪・パラリンピック大会組織委員会の元理事が大会スポンサー企業からの収賄で逮捕。容疑は複数の企業や大手広告会社に及び、テスト大会をめぐる談合なども発覚。／二十二日、第一〇四回全国高等学校野球選手権大会で仙台育英学園が東北勢として初優勝。

名古屋のうまいものはあまかった

あの記憶が口の中に蘇る弁当をビールと

「名古屋のうまいもの」とタスキのついた弁当を買ってきた。真ん中にあるのは、味噌カツか。それはたしかに名古屋だ。

コロナで名古屋にも行ってないな。よし今日はこれでいいや。

ベント酒というより、仕事場でさっとすます夕飯だ。今月末にまた個展があるので、普段の仕事の他に、小さな絵をたくさん描かねばならず、時間がない。だけどこの連載のために、缶ビールも一個買った。「この連載のために」なんて、書かなきゃいいことを、また言い訳してる。この連載のせいにしてる。すいません。って、謝るなら飲むなっつーの。

さて、仕事場の作業机で弁当を開いて、ビールもカシュっとやって、ズビビっと飲んで、ヒレカツをひと切れの半分、口に入れる。

え……甘い。

カツについた味噌が、甘い。

うーむ。

こういう味噌カツが好きだという人はいる。知ってる。でも、これはボクが生まれて初めて名古屋で味噌カツ定食を食べた時の甘さだ。あの時も「え」となった。それを思い出した。まずくはない。まずくはないけど……。

仕方なく、ビールを飲む。仕方なく、って。

そう、名古屋で初めて味噌カツを食べ終わったあと、

「もう、味噌カツは、いいや」

と思った。だけど、それから十年ぐらいして、名古屋の取材で「矢場とん」の味噌かつを食べて、驚いた。

「なにこれ、うまい！　これが味噌カツというなら、俺は味噌カツ好きだ！」

と思って、それで最初食べた味噌カツの印象が払拭された。

いや、払拭されたと思っていた。残ってた。拭い去られたれたはずの「もう、いいや」の記憶が、口の中に蘇った。

だけど、まずいわけではない。それにボクは大人だ。多少、好みじゃないも

のも、文句は言わず黙って残さず食べられる。

他のものも食べよう。大きく見えるのは大根、かぼちゃ、人参の煮物だ。これ、名古屋だっけ。名古屋名物、ではないよね。まあ、いい。

あ、フキの煮物もある。フキって、名古屋の名産だっけ。違うね。

バランの裏には金平牛蒡とコンニャク。コンニャクは、群馬だよなぁ。

この黒いのはなんだろう。ひと口食べる。ナスだ。ものすごくやわらかい。

やわらかすぎる。溶けそうだ。

あと付け合わせ。普通。

カツに戻る。うん。そうね。こういう、あれだ。

ごはんがおいしいのが救いだ。ゴマがちょいとかかったごはんがとてもおいしい。

ごはんがおいしい、という事実に寄りかかって、食べ進む。

日本人でよかった、と思う。ごはんがおいしいというのは、日本人にとって、ほとんど正義だ。

日本国が貧しく生活が皆苦しかった時代に想いを馳せる。ごはんをもりもりっと食べて、ああ、名古屋の味噌カツ。肉だ。ありがたや。煮物だ。ありがたや。そしてごはんをもりもりっ。その上、ビールだって自由に飲めるこの時代に感謝だ（でも、だから今のこの国の政治がいいか、というと話は別）。

しかし、生産者や製造者や配達者やお店の人に感謝の気持ちを持って「いただきます」と食べ進むと、どれもが贅沢な御馳走に思えてきた。

ビールを飲みながら、ワシワシと食べた。黙って平らげた、満腹、満足だ。

空になった弁当の器と空き缶を捨てて、湯を沸かしお茶を入れて、飲む。ティーバッグのルイボスティが実においしかった。このお茶が今夜の夕餉のハイライトだったかもしれぬ。

新潟の弁当は期待以上においしかった！

講演会場の控え室で五目釜めし弁当

先週のこの連載で、最後に「新潟はごはんも酒も魚も肴もうまい。楽しみだ」と書いた（注・この単行本には未収録）。そして新潟に旅立ったわけだが。新潟の講演会場に行って、その控室で出たお昼が、写真の弁当だ。ああ、東京駅で駅弁を買わず、カレーパンだけにしておいてよかった。

「五目釜めし弁当」。値段知らない。包装はそんなに豪華な感じではないない。普通の弁当屋さんの弁当という感じ。だけど。

まずは、写真見てください。お惣菜詰め合わせ付き。すごくいろんなものが入ってるんだけど、見た目、どこかおとなしく控えめな美しさだと思いませんか。

京都とか金沢の弁当だったら、包みを解いて蓋を開けた瞬間「わぁ！」と声が出るような豪華さを演出しそうだ。この弁当、そこまで声は出ない。

　でもよく見ると、釜めしは、鮭、海老、帆立、筍、椎茸の五目がきっちり入っている。おずおずと食べてみると、そのそれぞれがしっかりおいしく、米がうまいから、まとまりがすばらしい。三つ葉も新鮮で、その香りと歯ごたえの効果が爽やかだ。

　うん。食べ進むに、ひと口ひと口、しみじみ旨い。見た目以上の御馳走だ。

　いつの間にか目を細くしてしきりに頷きながら、口をもぐもぐやっている、馬鹿丸出しの初老のオヤジの図が、控室にあったわけです。

　そして、副菜というにはあまりに豪華な、もうひと箱。

　ここに入っている一品一品も、やはり庶民的というか、見栄を張ってないというか、ハ

ッタリがないというか、くそ真面目というか、いい人感に満ちている！

そう、いい人なの、このお弁当。威張ってない。偉そうにしてない。ブランド物で着飾ってない。声高なふるさと自慢もない。ただ、静かにおいしい。だけど、どんな小さなおかずにも決して手を抜かず、お客様に喜んでいただけたらと真心を込めて作っている。そう感じてしまう。

右隅のきんぴらごぼうからして、美味！

そしてこの箱で一番大きなのが、胡麻豆腐ですよ！　普通、弁当箱の端で地味にしてる胡麻豆腐。それが左上隅のエビフライより、真ん中で、ドーンと目立ってる。名古屋人からしたら、この配置はあり得ないでしょう。てか、そんな弁当、全国にもなかなか、ない。

ところがその普段脇役の胡麻豆腐が、予想を超えてウマイ！

茄子の煮物も、ちゃんとおいしい。塩加減が絶妙。

小さなシュウマイが、小さいながら鋭く旨い。プリッとしてる。あ、これ蟹焼売だよ。驚いた。

もう、いちいち言いますまい、全部が全部おいしい。

だけど、夢中になって次から次へと口に入れ、はっと振り返るとそこに、主役の五目釜めしが、黙って微笑んでいる。

主人公をそっちのけで、お惣菜陣に夢中になっていた自分が恥ずかしくなって、

「ごめんなさい！　そんなつもりじゃ」

と言って、顔が熱くなる。すると、五目さんは、涼しげな目元で微笑んで、

「いいんですよ。ごゆっくり、お好きなように召し上がってください。なんなら、お持ちかえりになって、夜食にでも召し上がって」

と言って、自ら熱いお茶を注いでくれ、ふとその手を止めて、

「あ、お茶より、お酒のほうがよろしかったですか？」

と言う。その潤んだ瞳、澄んだ声、たおやかな仕草に、ズキン。

馬鹿か。馬鹿か俺は。

どんな和服姿の主演女優のお女将が頭に浮かんでいるんだ。

でも、この弁当、今原稿書きながら思いかえすと、美人お女将というより、ほっかむりした新潟のおばちゃんが、丹精込めて作ってくれた感じなんですね。そこがいいんだな。そういうのが響くじじいなんだ、俺は。もう変わんないな死ぬまで。

チミチュリ、知らなかったけど夏にいい！

食欲増進ソースは冷えた白ワインが合いそう

いきなり猛暑だ。冷たいビールと言わずとも、麦茶冷水アイスコーヒーと、冷たい飲み物ばかり飲んでしまう。

だが、しっかり食べないと、暑さに負けず働く元気が出ない。

仕事場の近くのスーパーで「国産有機玄米とあまに鶏のチミチュリライスプレート」六九八円というのを買ってきた。

この店、商品名がいつも長い。長すぎ。そして、あまに鶏って、何。チミチュリライスって、何。チミチュリ、知らん。どこの国？

まあ、写真を見てくだされ、そのようなものです。チキンカツ的揚げ物が、チャーハン的な飯の上にのってて、パセリ香菜的なものがふりかけてある。

東南アジア系のライスと思われる。暑い国のものは、暑い時に食べるのにいいのではないか。そう思ってほぼ見た目で購入。

ソース的なものが小カップに入っている。これがチミチュリか？　ちょいと箸の先につけて、舐めてみる。……甘酸っぱい。タイの生春巻きにつけるやつに、似てるような気がする。

鶏にジョボジョボとかけて、ひと切れの半分ガブリといく。

ん、いい！　これはうまい。小さくモリッと食欲が湧くのを感じた。

スプーンでチャーハン的な飯をひと匙、口に入れる。もぐもぐ……。

んん！　これも、よい！　モリモリッと食欲が胃袋から湧いてきた。

なになに。老眼鏡をかけて（ジジイでごめん）チミチュリライスを、あらためてよーく見る。

サツマイモのみじん切りが見える。パプリカ、人参、かぼちゃ、きゅうりのみじん切りが確認された。あ、そうだ、と思って、ここで成分表示を見た。そしたらこれらは全て素揚げされていた。

そして、チミチュリソースは、ワインビネガーと乾燥玉ねぎと粉末水あめ（何じゃそりゃ）とみじん切りにんにく他で作られたものだった。

いやあ、これ、大正解。真夏に最高。チミチュリソースを遠慮なくドバドバ鶏にかけて食うと、ああ、これはみじん切りにんにくだ。いいじゃないか。こいつが効いてて、食欲を増進させてるんだ。

　この野菜みじん切り素揚げチャーハンも、うまい。ほんの少しカレー粉が入ってる。そこも憎い。カレーは少量でも強い。食べるほどに食欲がたぎる。それに肉が多めでコメが少なめな配分もいい。その肉がささみなのも、ヘルシーな気がする。なに、気がするだけでいいんです。気は心だ。

　横にワインを並べて写真を撮ったが、今日はこのあと急ぎの仕事があるので、飲まない（飲めない）。が、きっと冷えた白ワインなんか合うだろう。それ

も安い白に、氷入れたり、ソーダで割ったりしたのが合うのではないか。

この弁当はまた買う。絶対買う。そんときゃ、飲む。

あっという間に食べ終わって、調べたら、チミチュリは、南米のスペイン語圏、ペルーとかアルゼンチンの定番万能ソースだった。そっちかい！

東南アジアじゃ、ない。こりゃまた失礼しました。ああそうか、辛さがほぼないのは、そっちだからか。

あまに鶏は亜麻仁を食べさせて育てたニワトリの肉のようだ。最近、あまに油とか時々見る。亜麻仁は、なんと人類が初めて栽培したゴマに似た植物だとか。でもその栄養が再評価されて最近急速に需要が増えてるとか。知らんがな。

というわけで、夏バテ予防になりそうで、豆知識もついたチミチュリでした。

あー、そこのチミ、チミも食べたほうがいいよ。

道中弁当の味付け玉子に感銘を受ける

一見地味な傑作弁当でダバダ火振を飲み干す

「いなほくらぶ」というおにぎり屋で「道中弁当」を買った。

「道中」とは、旅の途中とか旅行の意味。ベント酒的ニュアンス感じる。

竹の皮の模様が入った紙箱に入っているのは、江戸時代の旅弁当をイメージしているのか。あまりちゃんと見ないで、ネーミングだけで購入。

仕事場に持って帰って開けると、写真のような、ごく地味な、三色おにぎり弁当だった。

今日も暑い。こないだ個展をした時に、お客さんから手土産にもらった一〇〇㎖ボトルの「ダバダ火振」をオンザロックで合わせてみた。高知の栗焼酎だ。うまい。

梅干しとおかかとシャケの、王道三個にぎり。そこに煮物、桜漬け、鶏の唐揚げ（小）一個と、味付け玉子丸ごと一個。この味付け玉子がちょいと面白いが、そのほかには特徴らしい特徴はない。ごくおとなしい弁当。

まず、基本の梅干しにぎりから、食べてみるか。

と何気なく頬張って「お」と軽く驚いた。

口に入れた途端、お腹が空いたのだ。というか、己の空腹に気づいた。突然、ハラヘリ。

何しろ外は暑くて、食欲が鈍感になっていたらしい。腹が減ってることを忘れていた。

梅干し効果、絶大。胃袋が目覚めた。ごはんもうまい。海苔もうまい。「あぁ、この弁当にしてよかった」と思った。

厚揚げの煮物も味がしみてうまい。噛みしめると、口の中にじゅっと煮汁が出る。追っかけて栗焼酎のロックをくいっと飲む。これはたまらない。

梅干しのおにぎりを残したまま、隣のおかかおにぎりにいってみる。あちこち手をつけるて、行儀悪い。知ってる。でも誰も見てないし。

おぉ、こうきたか。うん、うまい。佃煮状の細かい味付け鰹節が、コメを一粒一粒コーティングしていて、口の中におかかの風味が広がる。ナイスだ。

これは日本人なら全員好きな味。懐かしいような。この懐かしさにのっかって、椎茸の煮物。いいねえ。日本の田舎。秋、先取り。ほっこりする。

鶏の唐揚げを食べる。む。これはちょいとパサパサだ。ま、それもよし。かわいい。おもちゃっぽい。本格的な鶏の唐揚げもうまいが、こういうのもたまに食うとうまいのさ。子供になる。ケチな経験値による星付けなんぞ、いらん。うんちく言うやつぁあっちへ行け、シッ、シッ、だ。

シャケ。これはもう、王道中の王道。うまいに決まってるだろバカヤロー！　という感じ。黙って大きく頷く。俺は誰に、何に対して頷いてるんだ。

さてここらででっかい味付け玉子を食べてみよう。割り箸で半分に割る。おっとぉ、黄身がトロトロじゃよ、うほほ。素早く口

に入れる。うまいうまい。

そんで、玉子が口に入った状態で、シャケおにぎりをガブリといってもぐもぐっとやったら、口の中でおいしさが爆発。大変大変。なるほど、味付け玉子丸一個の深い意味が、今頃わかった。

この弁当を地味といった俺を、ぶん殴ってやりたい。オメエ、なんにもわかっちゃいねえで、エラそうなことほざくんじゃねえ！

すいません、ごめんなさい。いやー、ナメていました。これは御馳走弁当。自分を誇大表示しようとはせず、質素で、言葉少なな、傑作弁当。量もいい。無駄がない。一見地味に思わせて、最後にドーンと喜ばせる。

こういうマンガが描きたい。音楽が作りたい。お話を作ってみたい。こういう人間に私はなりたい。と思ってダバダ火振一〇〇㎖瓶を飲み干す。何か剛毅な気分になっている。

「くくく、おぬし、それしきの酒で、もう酔うたか」

いやいや、これは面目もない。

ビールが進みすぎるヘルシー懐石弁当

手抜きなしの逸品をプレミアムモルツで

京都国際マンガミュージアムで開かれている、谷口ジロー原画展で『孤独のグルメ』についての講演を依頼された。

京都に行くのは久しぶり。

こうなったら、ちょいといい弁当を買っちゃおうかな、と思って、東京駅の構内で「彩り豊かな新懐石弁当」を買った。税抜き一四五〇円の贅沢。久しぶりにプレミアムモルツを合わせた。プレモル。

新横浜を過ぎたところで、おもむろにビールをプシュッと開け、包みを開く。おもむろに、なんつって、そこまで我慢して待ち構えてたんだけどよ。

おおお、これは豪華じゃないか。

シャケごはんと牛肉ごはんの二色弁当に八大ふろく付き！　……子供の頃、

月刊少年漫画雑誌の表紙に「四大ふろく付き」とか書いてあると胸躍った。ちっとも大きくないチャチな付録ばかりなんだけどね。

お品書きが付いていて、そこにまず、糖質（五二・三グラム）カロリー（四九九キロカロリー）塩分（二・八グラム）と、書いてある。うーむ、贅沢弁当はヘルシー指向であった。マダムか俺は。

さらに、保存料・着色料・香料は使用していないと明記してある。普通の駅弁に、それらは常連である。ボクはそういうのはあまり気にしないが。

でもさすがに驚いたのは、

『ごはんには米型こんにゃくを混ぜ合わせております』

と書かれていたこと。なにそれ。なんじゃそれ。

ごはんの上のシャケを少しどけて、米粒をよく見たが。米型こんにゃくの粒は確認できなかった。かなり巧妙である。そこまでするか。

さて、まずは「レンコンとエリンギのチーズ炒め」からいただいた。写真のおかずコーナー最下段左側。

うまい。なんだこのチーズの上品な使い方は。「これが京都や」と言わんばかりの上方的センスを感じる。って京都はこれから行くんですが。

「牛肉とカラーピーマンのしぐれ煮」がのったごはんを食べる。

おぉ、これまた味付けがあっさりしていて、おいしい。

いわゆる駅弁の牛肉弁当とは一線を隠している。牛肉の「どや、肉や、牛肉やで」という押しつけがましい肉肉感、ゼロ。もはや年寄りチームのボクには、このくらいの油加減がありがたい。

「小松菜と油揚げの煮浸し」がシブい。こういうサイドメニューがちゃんとおいしい店は信頼できる。ここのは「ちゃんと」を超えたおいしさだ。

下段右のキュウリも、ただのサラダ的なものかと思いきや「キュウリとトマトの黄身酢がけ」。うーん。思わず唸る。食べてみると、ちょっと変わった味付け。なかなかのお味でございます。

人参もだし巻き玉子も実においしい。弁当の彩り惣菜で、味はぞんざい、となりがちなこれらが、いちいちちゃんとひと味違っておいしいことに感心。感心しながら、ビールが進んで困る。日本酒なんか飲んでもいいような気がする。それもワンカップじゃなくて、小さい瓶の純米酒かなにか少しお高いのを、ちゃんとお猪口で。

写真の上段左端は「かぼちゃとナッツのサラダ」。この組み合わせも初めて食べるが、微妙にビネガーが効いていて、ナッツがいい働きをしてる。これ、家でも食べたいなぁ、もっとたくさん。下品ですか？

なんだか褒めてばかりだが、実際どれもおいしく、量が少ないのが懐石らしい。ちょびちょびつついては、ビールをズビビと品格ゼロで飲んでたら、意外に短い時間で食べ終わってしまった。物足りないくらいだ。

でもおかげで、京都に着いて、夕方にはもう腹が減り、「京風きつねうどん」をおいしく食べられた。

刻みお揚げと青ネギをとろみでとじたうどんだ。みうらじゅんに前から聞いていたが、今回初めて食べた。実によくできたうどんで、京都人の日常の食の楽しみに触れた思いだった。

二〇二二年

秋

（九・十・十一月）

この時期の出来事

九月 **［新型コロナ関連］** 重症化リスクや致死率の低下を受け、すべての新型コロナ感染者を把握する「全数把握」見直しへ。**［そのほか］** 五日、静岡・牧之原市で三歳女児が通園バス車内に取り残され熱射病で死亡。

十月 **［新型コロナ関連］** 政府が水際対策を大幅緩和。**［そのほか］** 一日、国会議員としても活動した元プロレスラーのアントニオ猪木さんが死去。享年七十九。／三日、プロ野球・東京ヤクルトスワローズの村上宗隆選手がシーズン五十六号となる本塁打で日本選手の最多本塁打を更新。／二十日、東京外国為替市場で円相場が一ドル＝一五〇円台に。バブル期の一九九〇年八月以来、約三十二年ぶりの円安水準を更新。

十一月 **［新型コロナ関連］** 厚生労働省が国産のコロナ飲み薬の初の実用化となる塩野義製薬の「ゾコーバ」を緊急承認。**［そのほか］** 円安や原材料価格の高騰を受けて商品値上げが相次ぐ。牛乳、調味料、冷凍食品、飲料、乳製品、外食チェーンなど、十一月値上げの食品や飲料は八百品目超、来年値上げ予定も二千品目超に。／八日、皆既月食と月が天王星を隠す天王星食が同時に発生。皆既月食と惑星食が重なるのは一五八〇年七月の土星食以来。

想像を超える味に思わず一気食い！

唐津の宿のとうもろこしごはんのお土産おにぎり

佐賀県の唐津に行った時、よく泊まる手頃な宿がある。

今年行った時、その一階に新しい和食の店ができていた。張り紙に地元の食材を使った料理が中心とあるので、入ってみた。

うら若き女性料理人さんが、すべてひとりでやっている店だったが、何を食べてもおいしかった。

シメにごはんものを食べられますか、と聞かれたがもう肴だけでお腹いっぱいだったので、遠慮した。そしたら、

「とうもろこしのごはんを作ったんですけど、おにぎりにしてお持ち帰りになりますか？」

と女将であり板長である丸顔美人に聞かれた。

そういうのは、京都とか金沢とかの割烹とかでやってくれると聞いたことがあるけど、自分で飲みに行って言われたのは初めてかもしれない。この店は、そんなお会計がコワイ高級店ではないのだが。

すぐにこの連載が頭によぎり

「お、そいつで明日帰りの電車でベント酒だ、一本書けるぞウッシッシ」

と思い（セコイ野郎だぜ俺は）、だがすぐに

「あ、しまった帰りは飛行機じゃん。国内線のエコノミー席でベント酒なんぞするのは、隣の席の人に見られたら恥ずかしいな」

と思って（見栄っ張りで気の小せえ男だ）、

「あ、なら、飛行場のロビーでベント酒だ」

と思いつき、

「でもなぁ、明日は飛行機に乗る前に佐賀ラーメン食べたいんだよなぁ」

と悩ましくなった（ラーメンなんて、次回にすりゃいいじゃん！　少食のくせに、ツマンナイ食の算段すんなよ）。

と、まあ頭の中、いつもの通り、ひとり相撲なわけだったたんです（わけだったんです、って、ナニモンだよオメエ）。

女将はおにぎりを作りながらも、お茶碗にほんのちょっと、そのとうもろこしごはんを出してくれた。また気の効いたことしてくれる。

ボクはてっきり、普通にとうもろこしを炊き込んだごはんだろう、と思ってたら、出てきたものは全然違って驚いた。

それは、炊き上がったごはんに、なんと生のとうもろこしを混ぜ込んだものだった。生食できるとうもろこしで、黄色みが極めて薄い色をしていた。

食べたとたん、

「あ、おいしい!」

と、たぶん言ったと思うんだけど(おいおい)、その頃は結構酔っ払っていて、それを食べたことをすっかり忘れていた(これだからやだよ、酔っ払いは。御馳走も食わせ甲斐がない)。

でも、宿で朝寝坊して起きたら、テーブルの上に置いてあるわけです。そのとうもろこしごはんのおにぎりをサランラップで包んだのが、四個。

あ、そうだ、お土産に作ってくれたんだ。そうだそうだ。やっと思い出す。

トイレ行って、水飲んで、歯磨いて、チェックアウトまでぼんやりしてたら、ちょっとお腹空いてきて。

「ちょっと食べてみようかな」

と思って、サランラップを剥いて、ひと口食べた。

……めっちゃくちゃうめえ！

もちろんもう冷たくなってるんだけど、冷めてなお、とうもろこしの瑞々しい甘み、香り、やさしい嚙み心地、たまらない。ひやごはんにも合う。うまい。

これはうまい。こんなとうもろこしごはんがあったのか。

夢中で食べて気がついたら、おにぎり二個、一気食い。

しかも、付け合わせの奈良漬がこれまた自分史上最高の絶品。

で残りも空港で待ち時間にぼんやり食べちゃった。

おかげでベント酒できなかった、という話でございます（ございますじゃねえ、おにぎりの写真、撮ってから食え馬鹿野郎！）。


と思って、この原稿を書くにあたって、その旅の写真を見直してたら、なんと、とうもろこしおにぎりの写真、出てきた。それが上の写真。夜中に宿に帰ってきて、無意識に撮っていたらしい。しかも、前夜お茶碗にちょこっとよそわれたとうもろこしごはんの写真もあった。酔ってながらもベント酒のことは考えてたようだ。
素直に「エライ」とは、全然言えませんが。

たった二種の台湾弁当、おそるべし！

ビールと食べたい「めっちゃくちゃにうまい」魯肉飯

三鷹の北口、西久保を取材で歩いている時に発見した「台味弁当」というテイクアウト専門の店で、これを買った。

「魯肉飯《ルーローハン》」七〇〇円。

売っているのは、これと「鶏絲飯《ジースーハン》」のみ。厳選されたメニューだ。感じのいい年配台湾人夫婦がふたりで切り盛りしている。おそらくコロナで、この形態の営業になっているのではないか。

注文を受けてから、卵を焼き、温かいごはんに具材とともにのせて、できあがり。見るからにうまそう。

食べる時、卵を潰《つぶ》して、混ぜて食べるように強く言われた。

仕事場に持って帰ったが、急ぎの仕事があって、すぐには食べられず、買っ

てから二時間ぐらいして蓋を開ける。

ごはんの上に、炒めたキャベツと、味付けられた豚肉と、目玉焼き。いい香りがして、お腹が鳴って、よだれが出た。

言われた通り、まず卵を箸で潰すと、半熟の黄身がトローっとこぼれ出た。

そこにキャベツを絡ませ、ごはんとともに食べたら……。

うっまっい！

これはおいしい。まだ肉食べてないのに、もう全部おいしいの、決定。

魯肉飯って、こういうのだっけ？　名前は知ってるし食べたことがあるような気がするんだけど、初めて食べる味で、まだ知らないおいしさ。

次に、肉をひとかけ、それだけ単独で食べてみた。うん、日本にはない香辛料の味。いやこれは、油が違うのか。味も香りも独特。でもそれが癖になりそうな、親近感ある個性で、食欲が増す。

お味見調査終了。言われた通り、猛然と混ぜる。箸で容器の中をぐちゃぐちゃぐちゃにする。ぐちゃぐちゃにする作業をしながらも、早く食べたくて、ひと口食う。ひとり盗み食いつまみ食い。ああ、うまっ。

キャベツ好きのボクには、たまらないこのキャベツ量。やさしい歯ごたえ。この甘み。それが、この肉の味と、ベストマッチ。っていうか卵が二者の仲を取り持っている。いや、米も入れて三者。

その混じり合った味が、ごはんに合う！　なにこれ。

キャベツ、肉、卵、ごはんの四つが混ざり合うことで、一＋一＋一＋一＝四ではなく、一×一×一×一＝一のウマさに！　……って、バカ、それじゃウマさが増してないだろ俺！

言いたいのは、四味が一体になると、旨さは四倍ではなく、六倍にも八倍にもなるのじゃ！

って、どっかの漫画で読んだんだな俺。

味付けの塩梅がいい。全然濃くなく、薄くなく、油もけして濃くない。ごはんの炊き具合も、日本人以上に日本人だ。ってその表現も、どっかで読んだか聞いたかしたな俺。真似ばっかりしてんじゃねえ。

とにかくうまい。隣にビール置いて写真撮ったんだけど、やってる仕事が集中力を要するので、飲めなかったのが残念（なら置かんでよい）。

気持ちとしては、売ってるのが三鷹の北口だから、これを買って武蔵野中央公園の原っぱに行って、缶ビールとともに食いたい。さぞかしうまかろう気持ちよかろう。

次はジースーハンを食べたい。食べたい、じゃない、絶対食べる。一度に両方買っちゃうかも。

いやー、いい店を発見した。営業時間は十一時半から十四時と短い。コロナを抜けたらもっと長くなるのか。これ書いてる今も、もう食べたい。この連載で食べた弁当の中でも大ヒットのほうです。

今調べたら「台味弁当」は「タイウェイベントウ」と読むそうだ。

ルーローハン弁当●2020年5月オープンの「台味弁当」は当初テイクアウト専門だったがイートインも可能に。店内飲食はデザート付きで価格も異なる。テイクアウトのお弁当は780円（2023年6月現在）。

北陸新幹線で秋の運動会的ベント酒

意外な愉しさを富山の地酒のワンカップと

仕事で富山に行った。

一泊して、帰りの北陸新幹線。

となれば、車中でこの連載の「ベント酒」だ。そう思って富山駅の「きときと市場」を見ていたんだが、これぞという弁当が見つからない。

富山と言えば、鱒寿司だ。その本場弁当も、もちろんあった。

だがしかし、昔実家に富山出身の大学生が下宿（今あまりありませんね）していた時期があり、彼は帰省するたび大家であるウチへのお土産に鱒寿司を買ってきた。でも小学生だったボクにとって、それは嬉しいものではなかった。オレンジ色で生っぽいマス、キモイ。その記憶が今に残る。

鱒寿司に悪気はないが、パス。ごめん鱒寿司、次回ね。乗り越えるから。

で、結局、「小秋ちゃんのおべんとう」というちょっと軽薄な名前の弁当と、富山の地酒「玄」のワンカップを買った。

ところがそれを買って、まだ時間があるので駅の構内を歩いていたら「立山そば」という立ち食いそばがあったわけです。

腹が空いてたから、店から漂ってくる匂いが、ザ・ヤバイ。めっちゃ食いたい。立ち食いそば、半年以上食べてない。こういう腹が減ってる時の立ち食いそばの匂い、強烈。あったかい汁、すすりたい。うー。

しかも、期間限定でカレーうどんもやっているらしく、店頭にそのB全ぐらいのポスターが貼ってある。その写真が滅茶苦茶そそる！　ボクは五年ぐらい前に富山に来た時、地元の人に連れて行ってもらってカレーうどんを食べて、すごくおいしかったので、その思い出が鮮やかに蘇るわけです。

だけど、弁当と地酒のワンカップを買ったばかりだ。しかも新幹線の時間は迫っている。

立ち食いそばの前を、泣く泣く、断腸の思いで、後ろ髪を引かれながら、通り過ぎる。残酷。仕事に真面目なボクです（よく言うよ）。

さて、心を入れ替えて、新幹線に乗った。カレーうどんを振り切るように、すぐワンカップを開け、弁当を開いた。

その瞬間、まだマスクをしていたにもかかわらず、プーンといい匂いが鼻腔に入ってきて、全部吹っ切れました。

いいじゃないか、このコンパクトな弁当。

酒をクピリと飲み、どれから食べるか舌舐めずりするように見る。

まず、笹寿司から食べることにした。笹寿司というのも、あんまりおいしかった記憶がない。笹の葉っぱで包んだからって、どうなの？　味に関係なくねぇ？

ところが、これが、うまいじゃないの。子供にゃわかんねえな、このおいしさ。笹の葉のほのかな香りが、実に効果的。なるほどなるほど。そういうことだったのか。魚はてっきり鱒だと思って食べて、やっぱり鱒もうめえな俺も大人になったもんだ、と思ってたら、包み紙に『鮭』と書いてあった。なあんだ、そうか。

そして冷えてサクサクさも失《う》せたエビフライが、意

外にイケル。酒の肴にも妙にいい。楽しい。

そして、これはなんだ？　と思った肉っぽいのは「根菜ハンバーグ」。これも旨かった。これとエビフライと、さらにタルタルソースのかかった小さな鶏唐揚げのミックスされた匂いが最初のいい匂いの正体だった。

根菜ハンバーグ、はっきり言って富山らしさゼロの子供おかず。でもそれが日本酒のアテに新鮮でおいしいから、世の中は面白い。

そしてその下からなんと栗ごはんが現れたじゃないの！　ありがたい想定外。

普通にウマイ。秋だ。パンプキンサラダも、秋。賑やかな弁当だ。

あ、これ、笹寿司を除けば、秋の運動会弁当ですね。それが賑やかさの要因かもしれぬ。マカロニサラダと思ったのもグラタンぽい味付けで意外。

この弁当にしてよかった。酒もうまかった。ひと箱一合、ちょーどよし。実に愉しい新幹線ベント酒だった。

そのあとは、冷たい加賀棒茶を飲んだ。で寝た。ほろ酔いで、すぐ眠れた。

自己納得グルメがおにぎりになっていた！

北陸新幹線で味わうチキン弁当の思い出とマルエフ

東京駅の構内で「駅弁風おにぎり・チキン弁当」というのを売っていた。たしかにおにぎりなのだが、包みの柄のオレンジ色のチェックをひと目見て、あの「チキン弁当」をすぐ思い出した。

最近買っていないが、昔は新幹線に乗る時いつも買っていた。

かつて、ＮＨＫのテレビ番組に『未来派宣言』というのがあって、ボクは準レギュラーでレポーターをしていた。制作がＮＨＫ名古屋だったので、出演していた二年ほどの間、月に一度名古屋に通っていた。

その頃、いつもチキン弁当を買っていた。当時は、まだそんなに弁当の選択肢がなかったのだ。駅のキオスクで迷っては、結局それだった。ケチャップ味のチキンライスと鶏の唐揚げというシンプルな弁当。今も売っている。根強いファンがいるのだろう。

その後、崎陽軒の「シウマイ弁当」という傑作弁当に気づき、長い間、新幹線といえばシウマイ弁当だった。

近年は、東京駅の弁当が多様化して充実めざましいので、いつもこれ、と決まった弁当はない。いろんな弁当を買っている。行くたびに新しい弁当があるし。あ、この連載もあるしね。

でも、今回、このオレンジチェックを見たら、妙に懐かしくなり、しかもおにぎりになっていたので、面白いから思わず買ってしまった。鳥のイラストも弁当と同じ気がする。

ビールは、アサヒのマルエフを売っていたので、これも珍しいから買った。

乗ったのは北陸新幹線。富山に向かう。

上野を過ぎたら、プシュッと開けてグビリ

とやり、おにぎりの封を開けた。

おお、あの懐かしいケチャップごはんが、丸っぽい三角おにぎりにしてあり、その側面に、切った鶏の唐揚げをめり込ませてある。小さな黄色い卵焼きものせてある。そうか、こうなるか、いいじゃないの。

しかし海苔が巻いてないから、そのまま手づかみすると、指が油になる。なので包みのビニールごとつかんで、パクリといってみる。

うむ、たしかにあのチキン弁当の味だ。口の中が思い出した。これこれ。

『未来派宣言』の頃、名古屋には、大学で同じ音楽サークルだったムタさんというひとつ上の先輩が、会社の転勤で住んでいた。収録の日は泊りだったから、よく彼と名古屋で飲んだ。長いこと忘れていた記憶が突然蘇る。

ムタさんは、顔がデカくてちょいデブで愛嬌のある人だったから、どこに転勤しても、その街で男女問わず友人がたくさんできた。いい飲み屋もすぐ見つけたし、ギターやドラムが置いてある店も探り当てて、酔っ払って店の常連客とセッションしたりしていた。ムタさんはギターがうまい。ボクもそんな店に連れて行かれて、誰かのエレキギターを借りて弾いたことがあった。

ボクの初期のマンガには、学生時代にムタさんと飲み屋で大笑いした話がいくつも挟まっている。今思うと、ボクはムタさんが笑ってくれたから、おだてられて、背中を押されて、マンガ家になったのだ。

チキン弁当は、そんなにものすごくおいしいわけではないが、口に腹にちょうどいいというか、収まりがいいというか、でしゃばらないというか、食べると「うん、これでよかった」と選んだ自分に対して、妙に納得する味だった。それを思い出した。

そんな、一般的御馳走とは違う「自己納得グルメ」って誰でもあると思う。

ボクは、梅干しのおにぎりがそうだ。おにぎりはシャケが王道と思うが、シャケには、おいしいのと、あまりおいしくないのがある。と思ってしまう。でも梅干しのおにぎりは、自己納得グルメだ。おいしいおいしくないの判断が頭に浮かばない。でもたぶん、俺はこれにしてよかった、と思って食べている。

ボクとは逆に、自己納得おにぎりがシャケ、の人ももちろんいるだろう。

チキン弁当は、ある期間自分にとってそんな納得弁当だった。

このおにぎり風チキン弁当を食べている間、何度も懐かしくなり、これ買ってよかったと頷きながら味わい、ビールを飲んだ。

百年パン屋の絶品パンでベント酒

地元ブルワリー製造の特別なビールとともに

取材で八王子の町歩きをした。

八王子は古い町で、商業地域も広い。だから、新しいチェーン店、大規模店ができても、それらに混じって古い個人店がまだまだ見つかるのが魅力だ。

駅近くの路地を歩いていて出会ったこの店「布屋パン店」もそんな一軒。一瞬、布を売ってるのかパン売ってるのか、と思うが（誰も思わねえか）純粋なパン屋さんでございます。

こぎれいな小さいビルの一階に入っているが、どこか素朴な老舗の雰囲気がある。

レジで従業員のおばあちゃんが「（うちの店は創業してから）もう六十二年？とかになります」と言っていたが、帰って調べたら、大正十年創業の百年パン屋だった。おばあちゃん、どこで時間が止まった。

表のガラスに『季節限定品ミニ栗あんパン今年も始めました』と、黄色い模造紙に栗色のポスターカラーで書いて貼ってあった。

最近のベーカリーより、パンの種類はずっと少ないので、ミニ栗あんパンは、店に入ってすぐ見つかった。三個入って税別三六〇円。

お金払いながら「パンはこちらで作っているんですか？」と聞くと「はい、全部この上で作っています」とおばあちゃん。三階が工場らしい。

店の前に竹でできたベンチがあったので、我慢できず、そこに座って一個食べたら、ウマイ！

まずパン自体がおいしい。少しかためで、でも弾力もあり、香ばしい小麦の匂いがする。そして、刻んだ栗があんこの中に混じっていて、口の中でパンとひとつになると、噛みしめるごとに、秋の風味が口の中に広がる。表面にプチプチと付いたケシの実も効いている。

これは誰かにあげたいと思って、店内に戻ってもうひと袋買った。パンがおいしかったので、コロッケパンとちくわパンも買った。

ちくわパンは文字通り細いちくわを挟んだコッペパン的なパンで、でもチーズが少し入っていて、素朴な味。珍しい。もちろんおいしい。こちらは八王子の公園で食べてしまった。

そして翌日の昼、持って帰ったコロッケパンで、仕事場菓子パンベント酒だ。

この瓶ビールは、今秋の新作クラフトビールだが、ジャジャーン、なんとボクのイラストが使われております。パチパチパチパチ（自分で拍手してる）。

中身は、麦もホップも三鷹産のものを使って、三鷹のブルワリーOGA　BREWINGで製造されたもの。こうなったらラベルの

イラストも、三鷹出身三鷹在住のボクに依頼しようということになったらしい。超嬉しい仕事だった。

今日は真っ青な秋晴れだったので、コロッケパンでビール、最高。翌日だけどパンはまだ十分おいしい。コロッケパンは、ずしっと重く、コロッケの下に少量の千切りキャベツが敷いてあり、その全部をみしりと食いちぎって、もぐもぐやると、めちゃくちゃうまくて、誰もいないのに笑顔になる。

ソース味もほどよく、何しろパンがうまいから、飲み込むと、とたんに次のひと口が食いたくなる。そうしてどんどん食べて、ビール置いてきぼりで、一個食べてしまった。税別二八〇円は激安。都内のベーカリーなら三八〇円だな。

そして人にあげるつもりだった、栗アンパンにも手をつけてしまった。これも一個一二〇円は安すぎる。

それを自分の絵がついたビールを眺めながら食べるなんて、ビールを飲まずとも、この秋一番のいい気分でした。

パン各種●モンゴル岩塩をはじめ、こだわりの原材料等の高騰が続き、一部価格改定を検討中という布屋パン店さん。2023年6月現在、ちくわパンは160円、コロッケパンは300円(ともに税別)。季節限定品のミニ栗あんパンは、2023年以降の価格は未定。

二〇二二～二〇二三年

冬

（十二・一・二月）

この時期の出来事

十二月　**［新型コロナ関連］**国内感染して死亡した人の累計数が五万人を超える。**［そのほか］**サッカーのワールドカップカタール大会で日本代表が強豪のドイツ、スペインを撃破し十六強に。／「世界平和統一家庭連合（旧統一教会）」による高額寄付被害などを背景に、国会で「高額寄付被害救済・防止法」が成立。

一月　**［新型コロナ関連］**岸田首相は新型コロナウイルスの感染症法上の分類を「五類」に引き下げることを決定（五月八日実施）。感染者や濃厚接触者の待機など行動制限がなくなることに。**［そのほか］**十一日、イエロー・マジック・オーケストラ（YMO）などで活躍した音楽家の高橋幸宏さんが死去。享年七十。

二月　**［新型コロナ関連］**政府は新型コロナ対策のマスク着用について三月十三日から屋内外を問わず個人の判断に委ねる方針を決定。医療機関や混雑した交通機関では引き続き着用を推奨。**［そのほか］**同性婚をめぐる差別発言をした首相秘書官を岸田首相が更迭。／スキージャンプW杯女子で史上初となる日本勢での表彰台独占。／囲碁の仲邑菫三段が女流棋聖戦を制し、史上最年少で初タイトルを獲得。／十三日、世界的漫画家の松本零士さんが死去。享年八十五。

おやついなりに想う実家のおいなりさん

ふた口で一個いける小ぶりいなりをアテにみかんビール

先週のこの連載で食べた、ミニ助六寿司（注・この単行本には未収録）。その中に二個入っていたおいなりさんが、妙にうまかった。

それで、今週は、おいなりさんだけの弁当を買ってしまった。俺の中においなりさんブームが来ているのか。

「しっとりお揚げおやついなり八個」。

二九八円！　小さいとはいえ、八個でその値段は安すぎませんか？

おやついなりというぐらいで、一個一個が小ぶりで、持ちやすく、食べやすい。ふた口で一個いける。

そういえば、実家のおいなりさん、でっかかったなぁ。もちろん母の手作り。それが大皿に積まれてて、家族みんなで小皿にとって、箸で食べた。箸で挟んで持つには重い。ボクと弟は、二本の箸でぐさっと刺して、持ち上げて、アゴを上げて口を開け、かぶりついた。今考えるとめちゃくちゃ行儀悪い。でも怒られた記憶はない。

おいなりさんの時は味噌汁じゃなくて、おすましだった。母も考えてたな。でも、あとは白菜の漬物が器にどさっと盛ってあって、おしまい。

まあ、そんなもんだな、実家の夕飯なんて。だけど今思い出すと、すごくおいしかった記憶になっている。あのでっかい、売ってるのより野暮ったいおいなりさんを、箸でぐさっとやってふがふが食べたいなぁ。でも作った母も年老いてリハビリケアセンターにいる。

一番おいしいものは、いつも思い出の中にあり、それは今やどうやっても食べることがかなわない。

さてさて、このおやついなりだが、味もおいしかった。お揚げの味付けがいいのだろう。最初ちょっと多いかな、単調だし途中で飽きるかな、と思ったけど、ビールのアテにペロリだった。ビールは福井県敦賀で買ったみかんビール。

去年福井に行って知ったのだが、福井県は油揚げの消費量が日本一なのだ。意外。居酒屋にも必ず厚揚げとか油揚げの肴がある。そしてやっぱりおいしい。

実は今、東京近郊のよみうりカルチャーで、若狭地方の食と散歩の講座をしているんです（令和四年一月から三月までと、令和五年一月から三月まで。各十二回ずつ行われた）。

　この、みかんビールのみかんも、福井産。敦賀東浦みかん。みかんといえば愛媛とか和歌山とか、温暖な地域のイメージがある中で、東浦みかんは北限のみかんだそう。ほんのりみかんの香りがするビールは、おいなりさんにも合う。

　おやついなりは、手で、指でつまんで食べた。ティッシュの箱を横に置いて。箸で食べられる軽さだが、手で食べるのが一番だと思う。
　でも、家で漬けた白菜のお新香とは言わないから、ちょこっと紅生姜でも付いてるともっとよかったな。
　炭水化物と油物でビール、ちょっとダイエット的に心配だけど、とても合う。とてもおいしい。たまにはいいでしょう。

人気の催事で輸送駅弁をジャケ買い

パッケージを裏切らないトンかつ弁当をビールと

新宿の京王百貨店で開かれてる「元祖・有名駅弁と全国うまいもの大会」に行ってまいりました。

話には聞いてたけど、行くのは初めて。なんと今年で第五十八回だそう。すごい熱気。盛り上がり。コロナで人混みから遠ざかってたせいか、目が回りそうでした。でも、あまりコワイとは思わなかったな。それはこの状況に慣れたというより、だんだんコロナが収束に向かっていると無意識に感じているんではないか、俺が。

ナントカ牛など肉、ウニカニイクラなど海産物、山菜松茸栗竹の子など山の珍味、どこのブースのお弁当も、キラキラしていて、どれを買ったらいいか、全然決まらない。売り子さんたちは全員元気満々で、オジサン気後れするし。

本大会と隔離された「輸送駅弁」のブースでやっと気持ちが落ち着いた。

輸送駅弁というのは、駅で売ってる駅弁ではなく、列車の中でも売られてる弁当のようだ。初めて聞く言葉。

ボクが選んだのは「万葉軒のトンかつ弁当」。買おうとしたら、隣の三十歳前ぐらいの体育会系っぽい男が、彼女に「わ、これ懐かしい！　千葉駅でよく買ったよ」と言っていた。そうなんか。千葉駅かいな。

ほぼジャケ買い。黄色い包み紙の、豚のコックの絵に惹かれた。ちょっとキモい豚の顔がいい。目がいい。コック帽がキノコみたいでいい。手が人間だし。こういう絵は、描こうとして描ける絵ではない。

しかし、豚が豚を調理してて、いいのか。

「トンかつ弁当」の赤い文字も味があっていい。色の組み合わせが好み。昔の絵本にこういうのあったな。

帰ってきて、仕事場で開いた。

割り箸がついていて「創業九十余年　御辨當　万葉軒」と書いてある。おお、昭和初期からか。古い店だ。御辨當の文字がいかつい。

さて、蓋を開けたら「おー！」。声が出た。とんかつデカし！　白いごはんを覆い尽くしている。

揚げたあと、包丁で切って、切る前の形にきちんと並べてあるのは、日本のとんかつのいいところだ、と常々思っている。他の国は、肉は客が自らナイフで切るのがよしとされる。シェフが肉を切る場合は、切ったものを皿のまん中に、洒落た形に積みそうだ。

とんかつを箸でひと切れ取り上げる。「薄っ!」。肉、ウスし。でもいい。全然問題ない。この薄さもまたよし。

薄くして、でもごはんを覆い尽くす面積にする、という考え方が、好き。決められた予算の中での工夫。そこにオリジナリティが生まれる。

そのひと切れを、ムシャリと食べた。

ん? ムシャリせず! コロモがムシャリとしない。

あ。これうっすらソース味が沁みてる。軽いソースカツ丼的な。

なるほど。そう来たか。それもよし。ますます気に入った。足りない人は、追いソースができるように別ソースも入ってる。はい、のちほどかけます。

ごはんもなかなかうまい。これはいい。若い時期にこれ三回食ったら、完全にからだに刷り込まれる。そしていくつになっても、たまに猛烈に食べたくなる。そういう味。

　おかずはほぼそれだけに終始するが、柴漬けとかちょいちょいつまんでれば、全然飽きない。

　ビールにも最高。飲み食いしながらテレビでプロ野球とか相撲を観たい。でもサッカーラグビーではないな。のんびりしたスポーツ向き。

　久しぶりに、パッケージの絵と、中身の味が、頭の中でぴったり噛み合った弁当だ。この豚コックのイラストを見ながら食べると、おいしさが立体的になって、目から口から胃袋まで楽しくなる。

　そうだ、これ列車の中で食べた

ら、旅行気分が盛り上がりそうだ。

具体的には、春の逗子・葉山に向かう湘南新宿ラインのグリーン席。で、三五〇㎖の缶ビールプシュッと開けようもんなら、もう最高だと思います。それも平日昼間ね。どうだい、サラリーマンの諸君にはできないだろう！

……え、今は仕事もリモートだから、しようと思えばできる？　ギャフン。


トンかつ弁当●発売以来、ずっと変わらない味が人気の万葉軒のトンかつ弁当。ソースを浸した豚ロースカツに、ソースをかけて食す。700円（2023年6月16日より）。

愛されて五十年超のカップヌードル弁当

酒を忘れさせる魅惑のカレー味だ！

今日の弁当は、カップヌードルのカレー味だ！

と、パッと決まる。そういう時、あるでしょう？

カップヌードルは、ボクが中学一年の時に発売された。一九七一年。五十年前だ。おらもとしょーとったもんだ。

当時、ボクらの学校はまだ学校給食が始まっていなくて、各自家の弁当持参だった。今思えば毎日中学生の弁当作るの、母親は大変だったろうな。

ある日、クラスのお調子者のWくんが、ウケを狙って、発売されたばかりのカップヌードルを持ってきた。それが今日の弁当だというのだ。みんな「そんなのアリかよ！」と驚いた。してやったりとばかりに彼は、だるまストーブ（大昔だな）の上のヤカンのお湯を注いで、食おうとした。

そんなこと、中学一年の男子たちの前でやって、おとなしく食わせてもらえると思ったWくんがバカだった。

「ちょっと食わせろ！」「俺にも！」「なにそれ？」「わ、いい匂い！」

悲惨。持ってきたWくんは、ほとんど食えなかったような気がする。

最後、半泣きでスープを飲んでいた。

でも腹が減っている時のカップヌードルは、いくつになっても、うまい。そのカレー味は、なおさらだ。今がその時だ。

朝と昼が一緒になったメシを食ったのが午前十一時。そんで夢中で仕事をして、夕方五時半。完全に腹ペコである。

これは、非常食として仕事場に買ってあったものだ。明日、大地震が来たら食べ物は無い。わかってる。でもガマンできない。

久しぶりに食べるカレーヌードルは、いつだってものすごくうまい。カレーは凶暴。

ミルク鍋でお湯を沸かす。一秒でも早く食べたいからガス台の前に立って、沸騰するのを見て待っている。見張ってる。

その間に、カップヌードルのビニールを剥いで、蓋を三分の一ぐらい開ける。

もうカレーの匂いがして、ヤバイ。

沸いたことを確認すると、すぐカップにお湯を注ぎ入れる。急ぐと溢れるので、じわじわ注ぐ。

蓋をして、付属のシールでとめる。

昔、実家で、父はこの時必ずお皿をひっくり返してのせていた。その上に箸までのせていた。それを「ダサい」と思って見ていた俺がいた。家族のそんな些細な行動がいちいち癇《かん》に障る中学生男子。

でも、父のような人が多いからか、カップヌードルには、いつからか、閉めた蓋をとめるシールが付いているようになった。

しかしシールで一箇所とめても、そのシールを貼った両側に隙間ができるのが、気になる俺がいた。いつの間にか昔の父と同じ気持ちになってる。やっだなぁ、今や俺もダサいじじいだ。

だけど、あの隙間が気になる人が多かったからだろう、今は蓋を再び閉めた時に折り込む爪的なものが、蓋に二箇所付いている。

それを初めて見た時は「お、そうしたか！」とその改良に感心した。だがその直後、日本人共通の「貧乏性」を感じて、苦笑いした。

さて、湯を入れたら、三分をスマホのタイマーで測る。できた。蓋を、宿敵覆面レスラーのマスクをむしり取るように剥がす。

そんでしっかり混ぜる。麺がちょっとお湯を吸い、スープが少なくなってる。少しお湯を足す。スープの少ないラーメン嫌い。うー、滅茶苦茶うまそう！

食べる。予想通りに滅茶苦茶うまい。ヘニャッとしたジャガイモがいい。ここポイント。ああ、うまい。鼻水が出る。ハナすすりながら、休まず食べる。ほぼ一気食い。酒飲むのなんか、全然忘れてた。

待ってる三分の間に茶碗に注いだ日本酒を、こぼさないように注意しながら、瓶に戻した。

佐賀のとっておき肉まんじゅうでベント酒

できたてはもちろん冷酒のアテにも

取材仕事で佐賀に行った。佐賀には、吉田焼きの陶器に絵付けをするために通うようになり、もう七年ほどになる。

今回は佐賀駅前にある佐賀ラジオにも、ちょっと生出演してきた。オンエアが午後早い時間に終わると、小腹が空いた。途端に「鶴乃堂」の肉まんを思い出した。

佐賀駅から、車でまっすぐ南に八分ほど行くと佐嘉神社がある。鶴乃堂はその一角にある小さな古いまんじゅう屋。いつ行っても、たくさんの客が並んでいる人気店だ。ここの肉まんが、めっぽう旨い。

取材の担当男性ディレクターと、福岡から来た若い女性カメラマンと女性ライターと四人で行った。ディレクターだけ、昔一度食べたことがあるという。

ボクは三回以上食べた。佐賀市に来て時間があったら必ず行く。

車で店の前に着くと、白い湯気がもうもうと歩道にたなびいていて、食欲がグイッと膨らむ。

そしてその日は急に冷え込んだからだろうか、なんと並んでいる人がいない！　ラッキー。

甘酒まんじゅうとか苺大福も売っているが目もくれず、肉まんをひとりで四個買う。他の人もそれぞれ一個買った。一袋十円の酢も買う。

店員さんは熱いのを蒸し器から出して、一袋一個ビニールに包んでくれる。この作業を見ているのも楽しい。この時、俺は目を細めているんだろうな。

寒かったから車の中で食べた。

ここの肉まんは小ぶりなのも特徴。まだ熱いところをガブリとやる。

うーん、この白い生地がまずめっちゃウマイ。もっちりふっくら厚みがあって、ここの部分だけでもうシアワセな気分になる。

そこに追っかけて広がる肉の味。肉汁の味。生姜の味もする。玉ねぎのようなネギのような微妙な歯ごたえの味もある。あーもう、タマラナイ。

一個の半分食べたところで、酢をチョチョッと中の具にたらす。こうすると

またまたおいしいのですよ。

あっという間に一個消えた。あまりに儚く、切なくなるほどおいしい。女子ふたりも「おいしい！」を連発している。

だけど彼らは一個しか買ってないから、ボクは二個目を食べるのを我慢した。本当は連続で二個食べたかった。

まだ熱い残り三個を泣く泣くリュックに入れ、帰京するために佐賀空港に向かった。しかしその時点でこの連載が頭によぎっていた。

空港の手荷物検査で、リュックからパソコンを出そうとしたら、ぷ〜んと肉まんの匂いが立ちのぼり、よだれが出た。待合室で食べるのを堪えた。我慢せず食べればよかった、と今は思う。

　自宅に帰ってきて、石鹸で手を洗い、すぐさま二個を電子レンジに入れてスイッチを入れ、冷酒をぐい飲みに注いで、ちびっと飲んだ。

「チーン」。さあできた。

　できたてはもちろん最高だが、その日のうちなら皮のふっくらさも充分残っている。うをー、まだまだうまいぞ！

　もちろん二個連続でペロリと食べた。我、今宵、此レヲ以テ肉饅頭弁當ト為ル。酒ノ宛テニモ頗ル佳シ。残リ一ケハ夜食用。


肉まんじゅう●佐賀城近くに位置する鶴乃堂本舗の手造りの味わいで心身ともにほっこりする肉まんじゅう。180円（2023年6月現在）。

青空すき焼きベント酒で至高のひととき

東京駅のデッキで堪能する高級弁当と生ビール

講演で北千住に行った帰り、常磐線東京駅まで来た。午後一時ぐらいでお昼はまだだった。その時、ひらめいたね。

東京駅構内は今や弁当天国だ。あそこで何か買って、八重洲口の外のデッキで食べたらどうかと。

さっそく地下一階に行き、ちょいと奮発して、浅草今半の「重ねすき焼弁当」一九四四円を買った。連載で初めてだ、自腹を切ってこんな高級弁当買ったの。ドキドキするぜ。

そしてその足で八重洲口出たとこの「グランルーフ」の二階への階段に向かう。なんかテラスのような、デッキのような場所が、あったような気がして。気のせいか。記憶違いか。

階段を上りきると、あった！　ここ、ここ。木のベンチ的な台座が並んでいる。あんまり人がいない。これは穴場だ。

今日はあたたかい。しかも目の前に「常陸野ブルーイングラボＴｏｋｙｏ Ｓｔａｔｉｏｎ」があるじゃないのさ。入れたての生ビールが飲めるぞ！　うわ、やったしかない。

すぐ買ってきた。もう靴を脱いで台座にあぐら。眼下に東京駅八重洲口に出入りする人々。わっはっは、労働者諸君、ご苦労さん。グビビ。

うっめー！　これは教えたくない。って、今、こうして「夕刊フジ」に書いちゃってるじゃないかよ。バカか俺は。

みっしりと重い堂々たる二段重ねの弁当を、粛々《しゅくしゅく》と開ける。

これはすげえ。見るからに豪華。

肉が、多い！　肉一枚が、でかい！　一枚箸で摘まみ上げて口に入れる。過去に弁当で、一度にこんなに牛肉を頬張ったことがあっただろうか、いやない。そしてどえらくうめえ！

めしょー（飯を）追っかける。うんめえ、このめしゃー（飯は）やーらかくて、んめえ。

すき焼きといえば生卵だが、弁当でそれは望めぬ。そこに最高の味付け玉子がついていた。これがまた、震えるほどうまい。

焼き豆腐もいい。太いネギもうまい。こんにゃく、しめじ、申し分ない。人参とグリンピースがかわいい。口に放り込むと、ちゃんとうまい。愛《う》い奴。

うーん、ケチのつけようが寸分もない弁当。

普通、こういう弁当で俺の場合、紅生姜が大事な役割を果たすのだが、正直、紅、出幕なし。うまい肉が底なしに（と思えるほど）ある。

これまで、安い牛丼弁当の貧弱な牛肉を、いかに大量の紅生姜を用いて肉欲（肉食いたい欲ね）を散らしながら、食べてきたか、俺は。

最高のシチュエーションで、最強の弁当を、至高の生ビールとともに食べてる俺。大勝利である。

午後の日差しが、背中に当たって、ポカポカする。ビールが旨すぎる。眼下では、スーツ姿の会社員や外国人観光客が、妙にセカセカチョコマカ歩いている。そんなに急いでどこへゆく。アリンコのように。フナムシのように。

俺はゆったりした気分で、弁当の残りを味わっている。地味な細かい仕事を黙々とコツコツとこなしてきた自分が、報われると思う瞬間である。

しかし、夢のランチタイムはたった二十分でした。片付けて中央線で仕事場に戻る。ベント酒はこの軽さと速さがいいのだ（バカンスのとれない負け惜しみ）。


重ねすき焼弁当●明治28年創業の浅草今半のすき焼き弁当は、すき焼きに最も合うとされる肩ロース肉のみを使用。秘伝の割り下ですべての具材をひとつひとつ丁寧に煮上げた老舗ならではの豪華な一品。2160円（2023年6月現在）。

二〇二三年

春

（三・四月）

この時期の出来事

三月　［**新型コロナ関連**］政府は感染対策のマスク着用を個人の判断に委ねる方針に。［**そのほか**］車いすテニスの国枝慎吾選手にパラアスリート初の国民栄誉賞。／「袴田事件」の袴田巌さんの再審開始を東京高裁が決定。／三日、日本を代表する作家でノーベル賞受賞者の大江健三郎さんが死去。享年八十八。／将棋の藤井聡太竜王が棋王に。最年少で史上ふたり目の六冠を達成。／岸田首相がウクライナを電撃訪問、ゼレンスキー大統領と会談。／二十一日、第五回ワールド・ベースボール・クラシック決勝で日本代表「侍ジャパン」が三度目の優勝。／二十八日、音楽家の坂本龍一さんが死去。享年七十一。

四月　［**新型コロナ関連**］五月八日に新型コロナの感染症法上の位置付けを季節性インフルエンザと同じ「五類」に移行することを厚生労働省が了承。［**そのほか**］第九十五回記念選抜高校野球大会で山梨学院が山梨県勢として甲子園初優勝。／政府が大阪府・市の日本初のIR（カジノを含む統合型リゾート）整備計画を認定。／スーダンでの国軍と準軍事組織の激しい戦闘状況を受け、在留邦人がチャーター機で帰国。

シャケ弁のイメージがガラリと変わった！

とば屋酢店の餅米入りごはんの町家弁当

取材で福井県の小浜に行った。

小浜には、お酢の製造販売なんと三百年の「とば屋酢店」がある。ここで販売している「町家弁当」がおいしいと評判で、前日から予約していないと、買えないことが多い。一日に作る数が少ないのだ。

そのお弁当を、予約なしでひとつ買うことができた。

弁当には「へしこ」と「ちりめん山椒」と「鮭」の三種類があり、へしこは売り切れだったので、鮭を買った。

これを東京に帰る新幹線の中で、「こだわりレモンサワー檸檬堂」を飲みながら食べた。

三種類とも土台は同じ、餅米入り山菜ごはん。鮭フレークのサーモンピンクの上の枝豆のグリーンが美しい。カラー口絵を見てくださいまし。

おかずは卵焼き、茄子の煮浸し、すき焼き風しらたき、大根の漬物。

こだわっているという竹の皮の弁当箱が、静かに旅情を演出している。

ひと口ごはんを食べてみて、いきなり頭が三センチのけぞった。

餅米入りごはん、すごくいい。ちょっとおこわのような、赤飯のような、もちっとした食感が、冷たくてもおいしい、いや、冷たいからこそおいしい。それがシャケと見事に合っている。こーれはおいしい。

卵焼きもうまい。ちょっと焦げ目が付けてあるのも心憎いではないか。

豚肉の入ったすき焼き風しらたきも、ちょいとしょっぱめでめしに合う。

茄子の煮浸しの田舎味ときたら、くーっ、涙がちょちょぎれるぜ。

いやしかし、この餅米入りごはん、食べ進むほどにうまい。

帰る前に敦賀の駅前で一軒飲んできて、それほど腹は減っていない。だからこの弁当も、話の種に半分ぐらい食べたら、残りは持って帰ろうかな、と思っていた。

ところがこいつがおいしさ加速もするもんだから、ついつい引っぱられて食べ進んでしまい、レモンサワーがおいてけぼりになってる。

ごめん飲むよ、ズビビビビ。アー。大根の漬物もパリパリでよろしい。茄子の煮たのも、よく見ると刻み葱が添えてあるなど手が込んでる。感心してどんどん食べ進む。

枝豆も、色だけの飾りでなく、味がちゃんとシャケやごはんと有機的結合を果たしていて、口の中で枝豆の働きを感じることができる。

いや、この弁当はよくできている。いや、俺なぞが「よくできてる」なんて言えた筋合いではなかろうが、毎日完売するというのも納得だ。

次回は、なんとか予約して、へしこのお弁当を食べてみたい。

とば屋酢店では漬物なども売って

いて、前日には白菜の漬物を買って宿で酒の肴にしたが、ちょいと古漬け気味の酸っぱさが絶妙だった。古漬けに弱いんです。

さらに蜂蜜酢の入ったソフトクリームもあり、食べてみたら、微かにヨーグルトっぽい味になっておいしい。そこに追い酢してもらって舐める。

今思い出せば、店員さんのご家族が全員感じよくて、だから小浜に行った時は、必ず複数回行ってしまう。人柄が、味に出ていると思う。

小浜に行ったら、ぜひとも訪れてほしい一軒です。


町家弁当(鮭)●餅米入り山菜ごはんに自家製塩麹漬け焼き鮭、自家製塩麹やお酢蜜を使った卵焼きほか、絶妙な味のハーモニーが詰まったお弁当。756円(2023年6月現在)。

東京駅構内で発見したスマートおいなりさん

お花見にも似合うぃいなり寿司とビールを新幹線で

新幹線に乗る時、東京駅構内で、ちょいといい弁当を見つけた。その名を「絹いなり寿司 こづつみ」という。海苔巻き型の、細巻き円柱形のおいなりさん。絹いなり、と名乗るだけあって、油揚げの表面の凹凸が極めて細かい。なめらかと言ってもいい。基本両サイドは切り落とし（包まれているのもある）。六つ（六本？）が長細い箱に隙間なくきっちりと並べられていて、端に青菜が置かれている。

うーん、これはかなりスタイリッシュなおいなりさんだ。「スタイリッシュ」から「おいなりさん」という言葉の繋がりが、ちょっとずっこけてて面白い。いやそこがむしろ新しい。お洒落なずっこけ弁当。

ビールとともに買って、東海道新幹線車内でベント酒の開催だ。

列車が動き出したらもう、ビール、カシュッと開ける。食べたくて待てない。

割り箸でひとつとって、さらに驚いた。

油揚げが極めて薄く、その下になんと海苔が巻いてある。

というか、薄い油揚げと海苔を重ね、それで飯を巻いたのだな。

感心しながら、それを食べる前にビールをズビビ。音を立てなさんな。まあいい。

しかし、おいなりさんと海苔巻きの融合。その手があったか。

食べた。

……お。軽い。うまい。なんだこれは。酢飯だが、何かプチプチ入っているぞ。こんにゃく！　それにゴマ、山椒。

「こづつみ」、ビールのお供に、手頃！　コンパクトにまとまっている。おいなりさんの、小さくてもズングリムックリしたデブい印象がない。シュッとしている。カッコイイ。でもうまい。つい二個目に行く。悔しいけどこいつはモテるかもしれない。味付けもどこか違う。あ、唐辛子も入っているのか。ズビビビ。油揚げって、一応揚げ物だから、ビールが進む。ちきしょううまいなぁ、三個目だ。

青菜は小松菜の漬物だ。こいつもなんかダサくない。シャキッとしてる。絹いなりのサポート役として、イケメンな存在感、味。

容器の中にその二要素しか入ってない、というのも潔い。うーん。ズビビビ。ビールがうまいなぁ。四個目をつまむ。

残りふたつしかない。だけどまだ品川だ。新横浜までもたない。食い急がせるなよ。海苔がいいんだな。しかもそれが一見見えないというところがニクタラシイほどだ。脱いだら下着が黒のシルク。いや、それは例えが悪い。品が無いぞじじくそ。失礼しました。

ああ、今日はいい天気だ（恥ずかしさをごまかしたな）。おいなりさん、小学校の運動会の時、お弁当として持たされたな。やだった。母の作っためっちゃ野暮ったいやつ。って、またその話かい。これはその対極にあるなぁ。ズビビビ。

いやや、あの野暮ったいのもまた、おいなりさんの醍醐味ではあるのだが。今、パソコンで「醍醐味」と打とうとしたら「大ゴミ」って変換されちゃったよ。五個目。

いやや、これ、初めてっていうこともあるけど、パクパク食べちゃう。油揚げと海苔のハーモニーに包まれた味付け酢飯、止まらんわい。

あー、新横浜を待たず、全部食べちゃった。この先どうする。

仕方ない、寝るか。そう簡単に眠れないか。じゃ車内販売が来たら、酎ハイでも買って飲んで、寝るか。ってアル中かい。大人しく目を閉じてろ。

「こづつみ」、小腹が減った時、仕事場でも食べたいな。そういうカジュアル感もある。

少人数のお花見に二箱くらい持ってったら、ウケるんじゃないでしょうか。

昔懐かしい牛めしに今の牛丼を考えさせられた

新幹線で小さめ牛めし弁当とビール

新幹線で名古屋に行くので、東京駅で弁当とビールを買った。お腹が空いていたが、名古屋駅のホームで「住よし」のきしめんを食べたいので、ここは小さい弁当にしておきたい。

探して見つけたのがこの「黒毛和牛使用 昔懐かしい牛めし」。「神田明神下みやび」の弁当である。縦横十五センチほどの小さな正方形弁当。

名古屋駅できしめんを食べるので、早めに食べておいたほうがいいから（それほどホームの立ち食いきしめんが食べたいのか！ 食べたいです）、列車が走り出した瞬間、包みを開けた。プンといい匂い、きた。

まず缶ビールをプシュッと開けて、口と喉を湿らせる。

んで、割り箸でひと口分の牛めしをこそぎとって食べた。

おー、これはたしかに昔懐かしい。

うまいうまい。しかしこの懐かしさはなんだろう、と考えたら、吉野家などの牛丼チェーン出現以前の味がするんだな。

いつの間にか、ボクが牛丼と言われて思い浮かべる味は、「吉野家」「松屋」「すき家」などチェーン店の牛丼の味になってしまっている。そのことに、この弁当を食べて気がついた。

ファストフード牛丼以前にも、学食とかに牛丼はあって、それはこの弁当のような味だった。

玉ねぎとかの味が違うような。あと、チェーン店であまりお目にかからない気がするのが、たっぷり振りかけられた胡麻。

付け合わせが、きゃらぶきというのがシブい。これもファストフードにはまずない。ジジババの味だからか。この弁当、ジジババ向け？　やだぁ。

そして鮮やかな緑の豆、ひと粒をふたつに割ったものがすごくかわいい。なんだろうこの豆は？（あとで思い出して、もしかしたら銀杏？　まさか）

食べ進んでいくと、さらにおいしく感じてきた。ああ、牛丼、こんな感じのものだった。その蘇ってくる記憶が、この弁当をおいしく感じさせていく気がする。

　牛丼って昔は、牛肉を使ってるのに、割と地味な丼だったな。

　頭の中で、カツ丼より下にランクされていた。白滝や焼き豆腐も入っていた。あれは少ない肉の水増しだったんだな。その水増し感が牛丼の立ち位置を不当に低めていたのかもしれない。

　チェーンの牛丼店ができて、牛丼のイメージって、一新されたんだな。あくまで肉で押してくる感じ、なのに安いということ、そして「汁だく」や、取り放題の紅生姜、ドバドバかけてもそれほど辛くない七味、とい

ったそれまでになかったオリジナリティ。カツ丼と比較されない、別次元丼として、現代牛丼という新ジャンルが確立されたんだ。それに今気づいた。安いハンバーガーの味を、「マクドナルド」などが若者に刷り込んだように、チェーン牛丼店にボクは洗脳されたのかもしれない。

でも、それはそれでいい。

こうやって、忘れていた味を思い出させてくれる弁当があると、今の牛丼も、昔の牛丼も、それぞれに、あらためておいしい。

きゃらぶきがまた、ばあちゃん味でいい。太めのが四本というところも、太っ腹なのか、めんどくさいからなのか、わかんなくて面白い。

この弁当はビールにとても合う。ちょっと甘めの味が、苦味のある冷たいビールによって流される感じもいいんだな。この弁当にして正解。

紅ショウガの色が、薄い桜色なのもよいなと思いました。春らしくて。

そして、これを食べながら、若い頃、夜中にみんなで、飲んでいた居酒屋から二十四時間営業の牛丼屋に繰り出し、また同じ店に戻ってきて飲んだことなど思い出して、実に懐かしい気持ちになった。あんなことは若くなきゃしない。

牛丼食ってもまだまだ飲めた内臓が眩しい。
新横浜を過ぎる頃には食べ終えて、名古屋では無事おいしく「住よし」のきしめんを食べることができた。褒めちぎっておきながら、昔懐かしい牛めしは、ボクにとって、ホームのきしめんの前座、前菜でありました。

昔懐かしい牛めし●「見て美しい」「食べておいしい」高級お弁当で江戸の味を提供する神田明神下みやびの黒毛和牛使用の牛めし。920円(2023年6月現在)。

久しぶりのガパオライス弁当にハマる予感

仕事の合間にパクチーでエスニックを満喫

仕事場で原稿書きが忙しくて、食べに行く時間も惜しく、来る時に近所で買ってきた弁当を仕事机で食べた。選ぶ時間もかけられず、目についた「ガパオライス」を購入してあった。

タイ料理のガパオライス、嫌いじゃないけど、長いこと食べてなかった。久しぶりに食べたら、市販の作り置き弁当で当然冷たいんだけど、おいしかった。でも温かみが欲しくて、フリーズドライのナススープをサッと作って付けた（写真ではビールを置いてるけど、ビールは飲んでないです。飲みたかったけど）。

このガパオは、ごはんが白飯ではなく、軽く味が付いていて、それもよかった。なんで味付けしてるのかは不明。ちょいアジアンな風味。

そして、決め手はやっぱりパクチーだな。生の香菜。これがちょっと入るだけで、口の中が一気にエスニック大会。

　単調になりそうになったら、後半目玉焼きを崩して、一緒に食べるとまたうまい。スプーンで食べるところもいい。

　最近、これ的な炒め物を作って、トーストした薄切りフランスパンと食べてる。

　まず、おいしいココナッツオイルを、フライパンで溶かす。あんまり安いのは苦手。

　そこに玉ねぎのみじん切りを入れて、中火で炒める。玉ねぎが透

き通ってきて、いい香りになってきたら、そこに鶏の挽肉を加えて、肉をバラバラにして玉ねぎと混ぜながら炒める。

ここにサイの目に切ってレンジでチンしたジャガイモを加え、ひと混ぜしたら、ピーマンを加える。

ここでスパイス大会開催。カルダモン、クローブ、シナモン、コリアンダー。どんどん入れる。そこにキャベツの三センチ角に切ったのを加え、ハーブ塩を振って混ぜ、クミンをドバドバかけ、最後にカレー粉を加えて、炒めて、カレーの粉っぽさが無くなったら完成。

パクチーを細かく千切ったのをパラパラかける。途中でも追いパクチーするから、小皿に予備パクチー用意。

目玉焼きを作り、醤油をかけて一緒に食べると、さらにうまい。

ガパオに、似てるでしょ？　でもボクの好きなキャベツが入ってるとこが違う。それとカレー粉が入ってるところも。

それとボクのはニンニクが入ってない。ガパオはナンプラーも使っているんだろうな。でも魚醤の強い癖は全然感じない。

この安い市販ガパオライスには、親しみと新鮮さと、ちょっと懐かしさを感じておいしかった。無論、日本人の舌に合わせ調理されているんだろうが。

そういえば、タイ料理屋で飲み食いする、というのも長いことしてないような気がする。いや、ホントにしてない。

コロナのせいかもしれない。ボクは、男にしては、わりと酸っぱい料理は好きなほうなので、タイ料理は嫌いではない。だけど、タイ料理店、男がひとりで行くところではないような気がする。偏見かもしれないが。

そういうわけで、このガパオライス弁当、気に入った。量もコンパクトだし、満足度高いし、これから時々ご贔屓にしようかな。

あっという間に食べ終わるところも、忙しい今はありがたい。しかもエスニック味は、気分が変わっていい。

これに影響されて、ナンプラーを買ってみようかな。

あたたかくなってきたし、ベランダでパクチーを育てるのもいいな。プランターとか土とか肥料とか買ってきて。スコップも買うか。

ミントとかパセリとかも育てるか。

って、今まで何度も考えてきて、育てた試しがない。ものぐさだからすぐ枯らしちゃいそうだけど。

昼打ち合わせからのサイコーベント酒

人んちのベランダで、若鶏とイワシの弁当とワインと

知り合いの事務所に行って、そこで打ち合わせをした。ちょうど昼で腹が減っていたので、自分の分と彼の分、ふたつ弁当を買っていった。

写真にある「若鶏の塩麹焼きとイワシ煮のもち麦ご飯弁当」と、中華系の餡かけっぽい弁当（写真も撮らず、詳細失念）。

好きなほうを選んでもらったら、彼が中華系を選んだので、ボクが若鶏イワシになった。しかし、彼は朝が遅かったということで、あとで食べると言う。

ボクは、打ち合わせのあと、その事務所のベランダで、ひとりで食べさせてもらうことにした。わーい、ちょっと楽しい。

だって、めちゃくちゃ天気がいい日だったのだ。日当たりのいいコンクリー

トのベランダに腰を下ろして、食べる。

そしたら、彼はボサノバのＣＤをかけてくれた。もう窓を開けていても寒くないので、部屋の中から聞こえてくる小さめな音の音楽が、ちょうどいいＢＧＭ。超ゴキゲン。

ボクが「サイコーっす」と言って食べてたら、なんと冷蔵庫から白ワインまで出して持ってきてくれたではないか。申し訳ない！　人んちで。でもこりゃ最高すぎるランチだ。

ここは四階。でも隣はちょうど同じくらいの高さの木が生えていて、このベランダは他のマンションから見えたりしない。よし、パンツ一丁になるか！　うそうそ。

風もないし、小鳥がさえずってる。

弁当は、若鶏の塩麹焼きが、ちょっとボヤけた味だったけど、ワインがキリッとしててウマイので、なんの問題もない。

イワシ煮なんてのも久しぶりで、たいそうおいしゅうございます。青魚摂取せにゃあいかんね。

そういえば、たまに行ってた自然食レストランにも、コロナ以来、ご無沙汰だ。やってるかな。潰れてないといいな。

ごはんの真ん中の、ちょっとカリッとした部分のある練り梅が、量は少ないんだけど、めっちゃ重要だった。これのあるなしが、この弁当の明暗を分けたな。こいつのせいで全体が締まった。

煮物も玉子焼きもあるんだけど、味付けにキリッとしたところがないのだ。練り梅がなかったら、終始もや〜んとした弁当に終わっていたかもしれない。ま、てか、俺、やっぱり梅干し好きなんだな。こんな冷えたワインがありゃ、どんな弁当出されても、

「うん、ちょっと味がもやけてるけど、ま、いいんじゃない？　おいしいおいしい」

って、ジャッジが甘くなっちゃうんだけどね。

ここに折りたたみのデッキチェア、欲しいね。

「ねえ、ここ、どこからも見えないから、ハンモックでも買ったほうがいいんじゃない？」

って、寝る気か俺は。人の事務所に来て、余計なお世話だ。事務所の主はデスクに向かって仕事しているのに。

こういうベランダ欲しいなぁ。そうだ、夏に寝袋持ってきて、ここに寝させてもらおうかな。ここで酒盛りして、そのままここに寝るの。

「ね、夏、ここまで蚊、上がってくる？　あ来るの。残念。じゃあダメだ」

図々しいにもほどがあるぞ！

いや、でもコロナの間も、自宅にこんなスペースがあったら、息苦しいような思いをしなかったかもねー。

不思議メニューの並ぶおにぎり屋にて

謎の「海藻」と頼んだ大当たり餃子をお土産にベントト酒

仕事で銚子を歩いた。泊まりはJR銚子駅の近くだった。

だが銚子電鉄の車内放送で、銚子の中心は、昔は圓福寺のある銚子電鉄の「観音駅」周辺だった、と聞いた。

そう言われてみると、銚子駅前は、新しい店が多く、ボク好みの古くてシブい個人店が少ないように見えた。

それで、夜は観音駅のほうに飲みに行くことにした。ぶらぶら歩いていると、たしかにボク好みの個人店が多い。

一軒、海鮮がうまそうな居酒屋に入って、おいしかったんだけど、もっとシブい店ないかなあと、ちょっと食べて飲んで出て、二軒目を探した。

かなり歩き回って、見つけたのが「餃子　おにぎり　お茶漬け」と書いてある「さかい」という店。

今これを書くために場所を見たら、駅としては、銚子から見て観音駅よりひとつ先の、本銚子駅が近かった。毎度ながら、ずいぶん歩いたな、わし。

この店がサイコーでした。

まず、店に入って壁のメニューを見ると、一品料理が端から「餃子　四〇〇円」「海藻　四〇〇円」「お新香　四〇〇円」「もつ煮　四〇〇円」と並べて書いてある。

なに「海藻」って。海藻、それだけ。メニューに「魚類　四〇〇円」って書いてあるようなもんでしょ。漠然としすぎ。どういうもの？

全部四〇〇円というのもちょっと不思議な値段設定。餃子がバカに安い。そうなるとお新香がバカに高い気もする。

こういう時は店員さんに何も聞かないで頼む。ビールと、餃子と、海藻。

そして、海藻がどういうものか、出てくるまで想像して待つ。

地物の海藻が数種、緑赤白と、混ぜ合わせられていて、ポン酢的なものをかけて食べる、サラダ的なものではないか。

全然違った。

「海藻」は、深緑色の、寒天というかところ天というかそういうもので、みつ豆の寒天のようにサイコロに切ってある。そしてその上にしらすとネギがのっていて、白ごまをふりかけたものでした。

　こんなの見たことがない。福岡の「おきゅうと」にちょっと近いか。醤油をちょっとかけて食べてください、と言われた。

　まあ、見た目から予想する通りの味のもので、まずくはないが、これ、酒の肴としてどうだろう？　でも、ところ天には、しらすネギなんてのせないし、やっぱり肴か。でも餃子の隣、というポジションにあるものかなぁ。不思議な一品だった。でも、今これを書きながら、また食べてもいいな、と思った。

それはそうとして、餃子がすこぶるおいしかった！　タレをつけないでもそのままおいしい。

ここでおにぎりをお持ち帰りして、餃子と合わせてホテルで「ベント酒」にしようか。と思いついたのだが、人の食べてるの見たら、うまそうすぎて、おにぎりも餃子も店で食べてしまった。

紅ショウガのおにぎりと、しじみの味噌汁。紅ショウガのおにぎりなんて、初めて食べた。でもすっごくおいしかった！　しじみの味噌汁も最高。ついてきたタクワン二枚もウマイ。

そういうわけで、ベント酒にならなかった。でも帰り際、それも残念なので、うまくて安い餃子を一人前お土産に買った。

コンビニで「いいちこ」を買い、ホテルで「オンリー餃子ベント酒」。冷めても店で食べた感激が蘇るおいしい餃子だった。

おわりに

本文にも書いたが、これは「夕刊フジ」に二〇二一年春から二〇二三年春まで、週一回連載されていたものから、編集者にセレクトしていただいたものを、加筆修正したものだ。

週刊連載というのは久しぶりだったが、すぐに締め切りが来る。書いたと思ったら、もう次の号の催促が来る。いつも締め切りに追われている気分だった。いや、連載は今（二〇二三年六月）も続いているので、このあとがきも、追われながら書いている。

だから感覚的に、ボクの食べたもの日記だ。文章も、時間がなくて、ほとんど何も考えてない気がする。弁当も、近くにあるものを急いで買ってきて食べてる。生々しい。読み返して恥ずかしくなった。

同じようなものばかり食べてるし、同じようなことを何度も書いてる。おいなりさんとか。

担当編集の立花さんに、そのことを言うと、

「そこが面白いじゃないですか」

と言われた。ぎゃふん。でもそうかもしれない。人の日記は生々しいほど面白い。人が同じようなものばかり食べてる日記とか、読むと笑っちゃう。ボクの好きなのは『つげ義春日記』。毎日のように「明日に全く希望が持てない」とか絶望的なこと書いているのに、やたら面白い。つげさんの場合は、絵のすばらしさもあるけど。

しかし、この本は読み返したら、前半とくにコロナ禍の真っ只中だ。緊急事態宣言、まん延防止等重点措置。その時期の「日記」だ。でも、もう今、ちょっと懐かしい。人って、ほんっとにすぐ忘れるんだな。

恥ずかしいけど、でもその時の自分の日常を少しでも書き残せたのは、ちょっとよかった。やはり全員が、全世界が非日常だった。後半、やたら旅取材が増えて、自分がちょっと浮かれてるのも恥ずかしい。

最後に、楽しい扉絵をたくさん描き下ろしてくれた盟友・和泉晴紀さん、日記のセレクトと細やかな編集をしてくれた立花律子さん、『昼のセント酒』シリーズから装丁デザインをお願いしている鈴木成一さん、そして「夕刊フジ」担当秋谷哲さんに、この場を借りて感謝します。

久住昌之　くすみ・まさゆき

一九五八年生まれ、東京都出身。一九八一年、泉晴紀（現・和泉晴紀）と組んで「泉昌之」名でマンガ家デビュー。一九九九年、実弟・久住卓也とのユニット「Q.B.B.」の『中学生日記』で第四十五回文藝春秋漫画賞。二〇一九年には絵・文を手がけた絵本『大根はエライ』が第二十四回日本絵本賞を受賞。根強い人気を誇る谷口ジローとの共著『孤独のグルメ』は十以上の国・地域で翻訳出版され、二〇一二年にTVドラマ化。そのシリーズすべての劇伴の制作演奏、脚本監修、レポーター出演を務めるなど、マンガ、音楽を中心に、多岐にわたる創作活動を展開している。

和泉晴紀　いずみ・はるき

一九五五年生まれ、石川県出身。一九八一年、久住昌之とのユニット「泉昌之」名で描いた短編漫画「夜行」でデビュー。泉昌之名義の初の単行本にしてロングセラーの『かっこいいスキヤキ』、初の週刊連載『ダンドリ君』、『食の軍師』ほか多くの作品を生み出す。泉晴紀・和泉晴紀としては単著、共著によるマンガやイラストのほか、ポスターなどのデザインを手がけている。

カンゼンの久住昌之×和泉晴紀の本

昼のセント酒

1430円（税込）

真っ昼間の、
銭湯上がりの生ビール。
これに勝てるヤツがいたら
連れて来い！
「風呂」×「飯」の痛快エッセイ！

ちゃっかり温泉

1430円（税込）

平日の昼間から
温泉入ってひとり飯!?
「風呂」×「飯」エッセイの
第二弾！

ふらっと朝湯酒

1430円（税込）

湯上りあとの朝ビール。
「この余裕、この贅沢。
今日は何からどうしよう」
〝孤高の朝活グルメ〟

するりベント酒

画　和泉晴紀
ブックデザイン　鈴木成一デザイン室
編集協力　立花律子（ポンプラボ）
編集　滝川 昂（株式会社カンゼン）

発行日　二〇二三年六月三〇日　初版

著者　久住昌之
発行人　坪井義哉
発行所　株式会社カンゼン
〒一〇一-〇〇二一　東京都千代田区外神田二-七-一開花ビル
電話〇三-五二九五-七七二三　ファクス〇三-五二九五-七七二五　https://www.kanzen.jp/
郵便振替00150-7-130339
印刷・製本　株式会社シナノ

ISBN 978-4-86255-685-1　Printed in Japan
定価はカバーに表示してあります。
本書に関するご意見、ご感想に関しましては、kanso@kanzen.jpまでEメールにてお寄せ下さい。お待ちしております。